COLLAGEN UNDERWORLD

Ausschneiden
und selbst machen

MIDAS

Inhalt

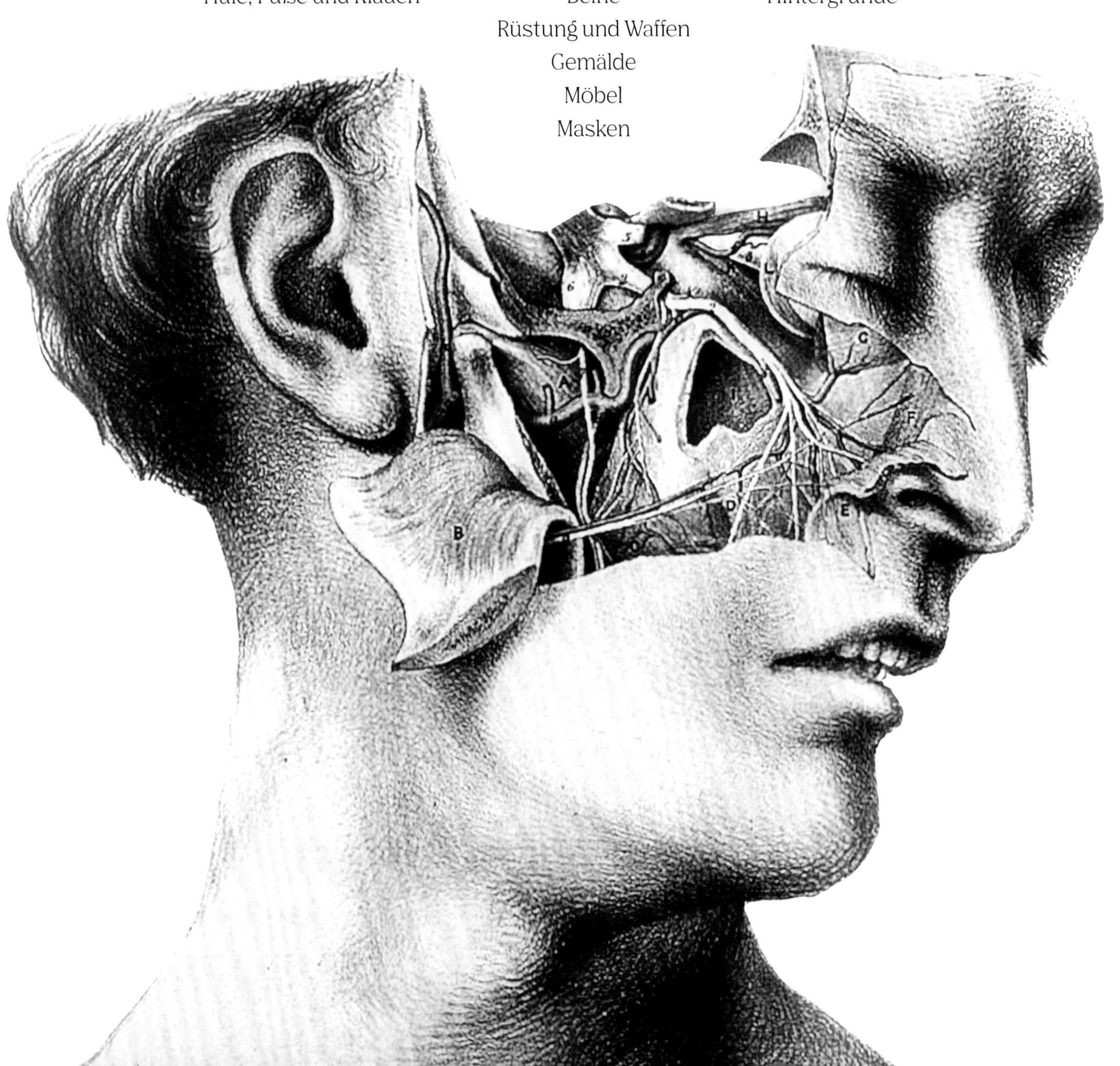

Der Spaß beim Ausschneiden und Einfügen

Jeder Collage-Künstler wird Ihnen sagen, dass der zeitaufwändigste Aspekt seines Handwerks das Finden und Zusammenstellen der Bilder ist. »Ausschneiden und selbst machen« – und ja, das genau ist es, was Sie tun müssen – vereint hunderte von Bildern in verschiedenen Größen, mit denen Sie nach Belieben spielen können. »Underworld« führt Sie in eine düstere Welt voller Absurditäten. Das Thema passt perfekt zur Kunst der Collage, wo die Gegenüberstellung von Bildern Ihrer Fantasie freien Raum lässt und Sie an surreale Orte führt.

Wenn Sie noch nie eine Collage gestaltet haben, werden Sie bald entdecken, wie viel Spaß das macht. Weil es so viel verzeiht, ist es ein großartiges Handwerk für alle künstlerischen Fähigkeiten: Sie können eine Idee ausprobieren, anpassen und erkunden, bis Sie ein Kunstwerk haben, das Ihnen gefällt. Das langsame Ausschneiden der Bilder ist achtsam und faszinierend, und es ist ein großartiger gemeinsamer Zeitvertreib, der am Tisch mit Freunden oder der Familie genauso viel Spaß macht wie alleine.

Die Bilder auf diesen Seiten lassen sich auf vielfältige Weise kombinieren. Sie können auch die größeren Bilder und Hintergründe im hinteren Teil des Buches verwenden und darauf aufbauen, aber natürlich können Sie Ihre Collagen auf jedem beliebigen Hintergrund erstellen. Schnappen Sie sich Schere und Kleber und legen Sie los!

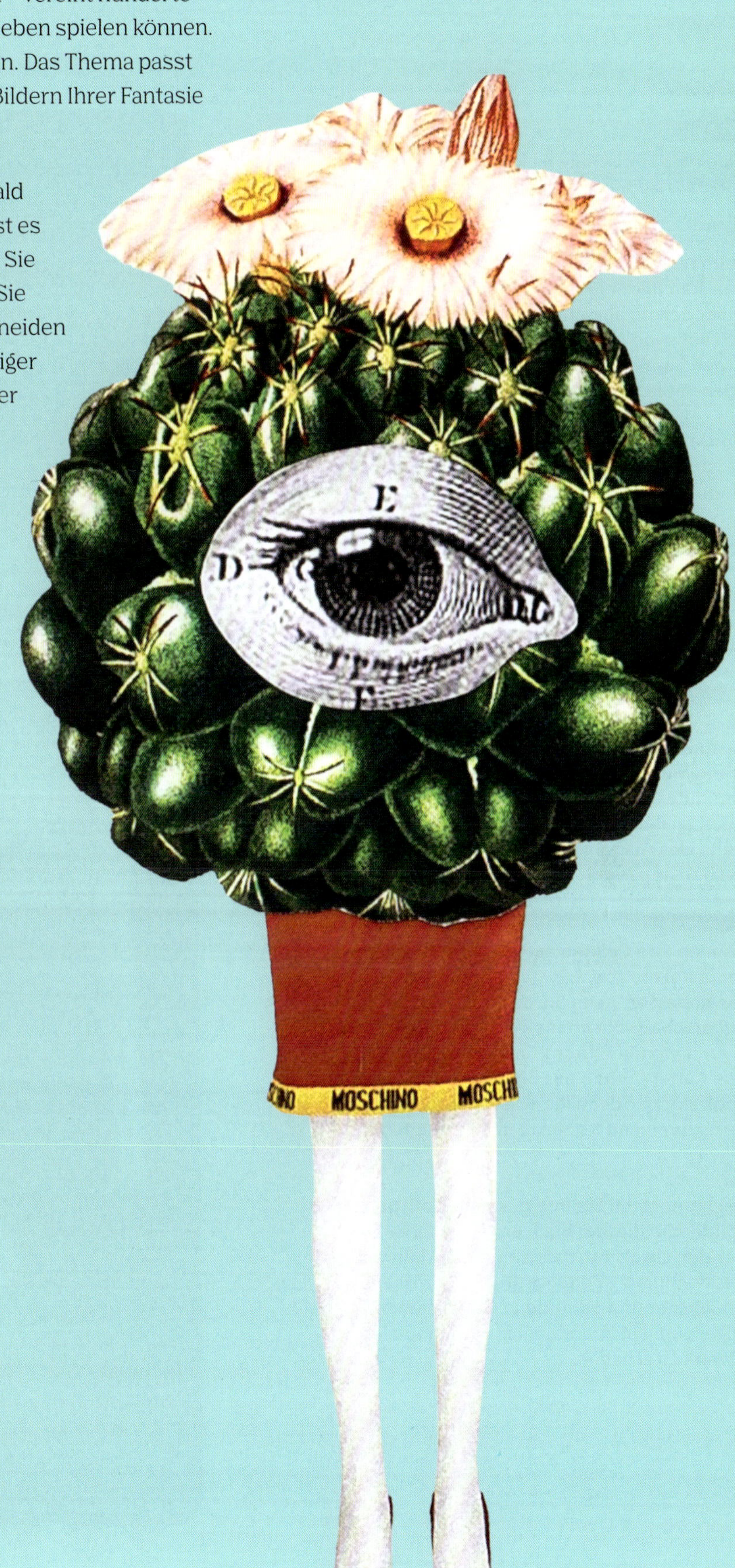

Diese Seite: Wenn Sie noch nie eine Collage angefertigt haben, probieren Sie erst einmal etwas Einfaches mit drei Bildern aus. Die Kombination aus einem Kaktus, ein paar Beinen und einem Auge kann schon etwas schräg wirken.

Werkzeuge und Materialien

Wenn Sie das Material nicht schon zur Hand haben, können Sie es in jedem Kunst-, Bastel- oder Schreibwarengeschäft kaufen.

Schere
Eine kleine Bastelschere ist ideal – achten Sie darauf, dass sie scharf ist und gut in der Hand liegt.

Bastelmesser
Die meisten Bilder in diesem Buch können Sie mit einer Schere ausschneiden. Manche müssen jedoch aufwändiger ausgeschnitten werden. Besorgen Sie sich ein hochwertiges Bastelmesser und gehen Sie vorsichtig damit um.

Schneidematte
Diese ist wichtig, wenn Sie mit dem Messer arbeiten.

Kleber
Verwenden Sie Flüssigkleber aus der Tube oder guten Papierkleber.

Pinsel
Die brauchen Sie, um den Kleber aufzutragen oder die Arbeit schließlich zu lackieren.

Klebespachtel/Knete
Während Sie Ihre Collage zusammensetzen, ist es eine gute Idee, die Bilder mit kleinen Stücken Spachtel an ihrem Platz zu halten. So können Sie während des Aufbaus Ihres Kunstwerks ausprobieren und anpassen.

Papier
Sie können Ihre Collage auf einfachem, weißem Papier erstellen, aber ein stärkeres, schwereres Papier ist besser, wenn Sie das fertige Werk ausstellen möchten. Sie können auch die in diesem Buch enthaltenen Hintergründe verwenden oder farbige Karten, Seiten aus Büchern oder Zeitschriften, Holzstücke oder alles, was neue und interessante Texturen und Kontexte in Ihr Design bringt.

Bilder
Vielleicht möchten Sie Ihre gesamte Collage aus den Bildern in diesem Buch erstellen. Oder Sie verwenden sie als Ausgangspunkt. Sie können gepresste Blumen, Zeitungsdrucke, zerrissenes Papier, Muster und gefundene Gegenstände benutzen, um ein interessantes multimediales Kunstwerk zu schaffen.

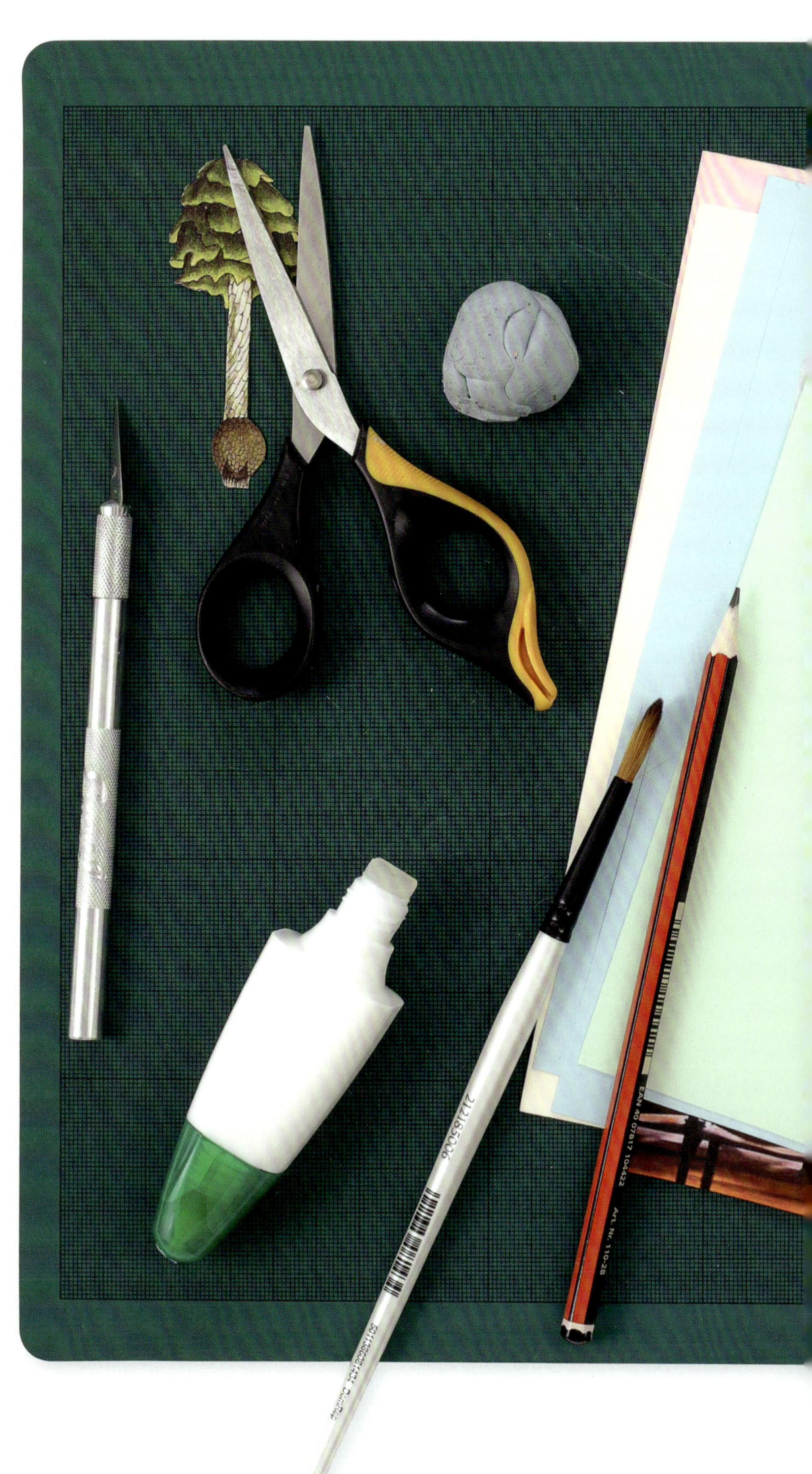

Optionale Werkzeuge

Rolle
Zum Glätten Ihres fertigen Bildes, allerdings tut es auch eine saubere Hand oder etwas anderes.

Pinzette
Damit können Sie ein empfindliches Bild während des Ausschneidens festhalten oder die Bilder um Ihr Design herum bewegen.

Buntstifte
Nützlich, wenn Sie kleine weiße Bereiche bereinigen wollen.

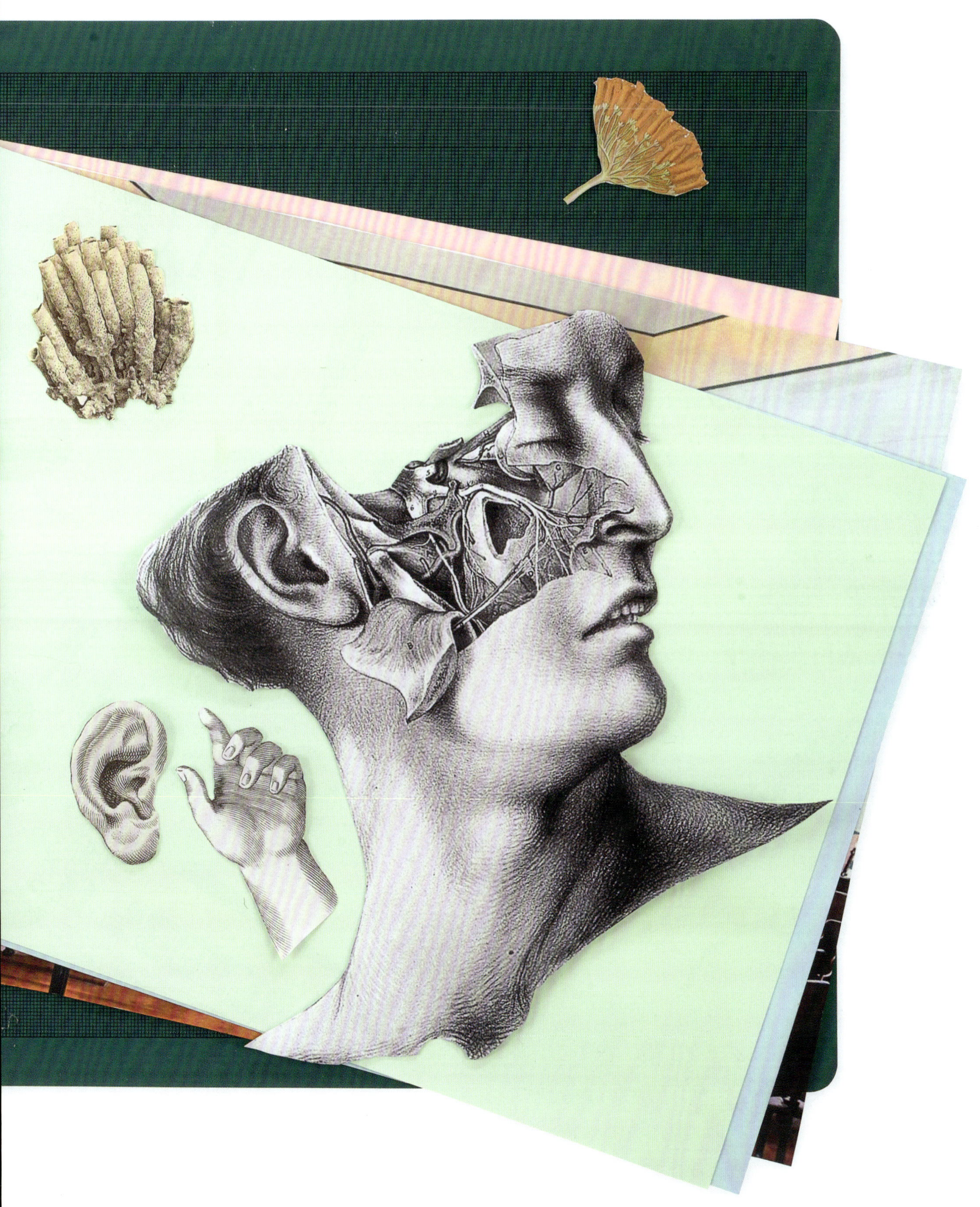

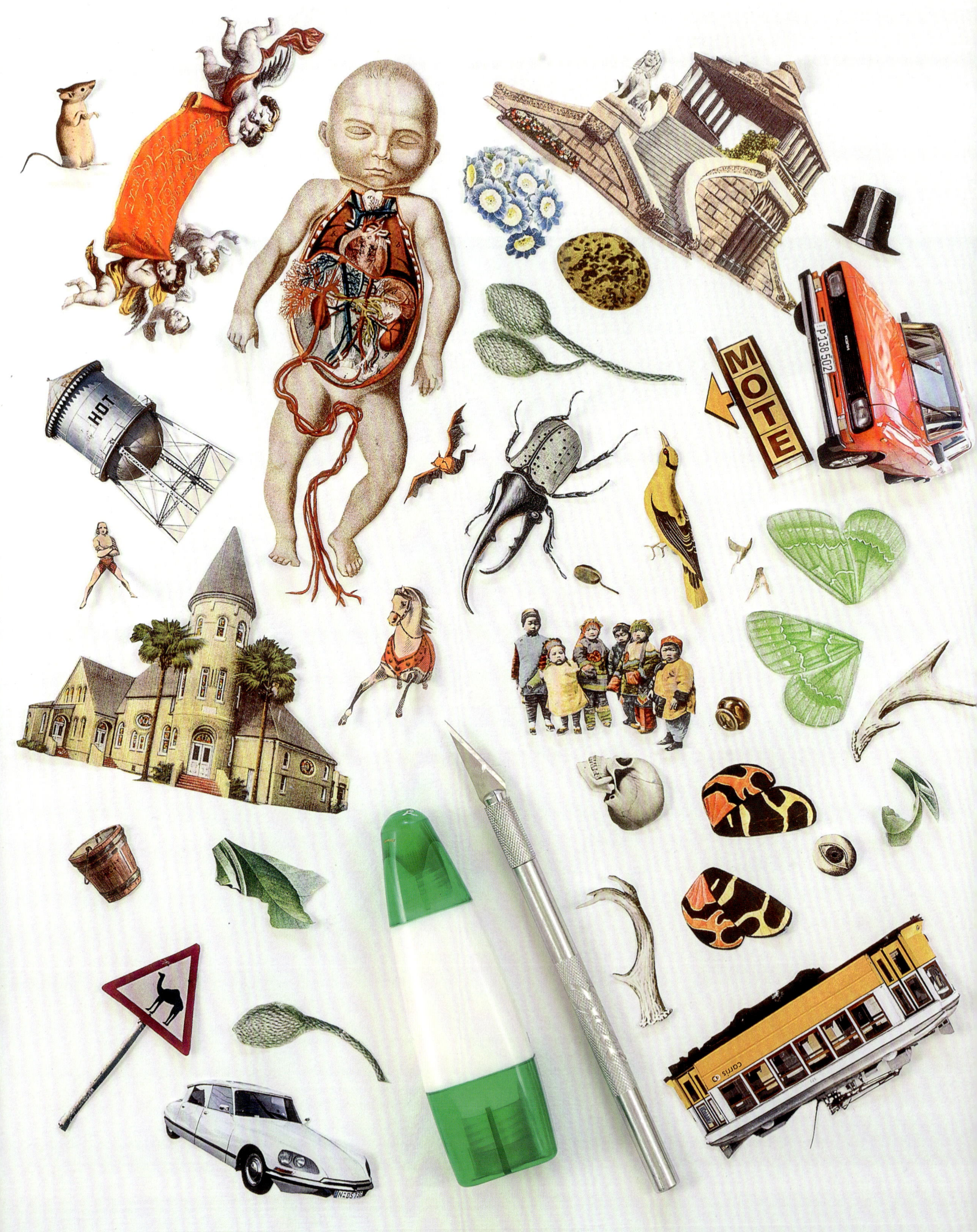
HOT
MOTE

Eine Collage aufbauen

Eine vielseitige, mehrschichtige Komposition zu erstellen, ist einfacher, als Sie denken. Schneiden Sie zunächst einige Bilder aus, die Ihnen gefallen, und beginnen Sie, mit ihnen zu spielen. Während Sie die Collage aufbauen, werden Sie nach neuen Bildern suchen, um Ihr Werk abzurunden und zu verbessern. Dabei werden Sie auch viele Ideen verwerfen: Das ist Teil des Prozesses. In dieser Collage kombiniert die Künstlerin das Blutrünstige und Surreale zu einer kleinen Szene – mit einem Baby, das auf einem Auto herumtrampelt und dabei ein Kamel-Warnschild und einen Schädel in den Händen hält.

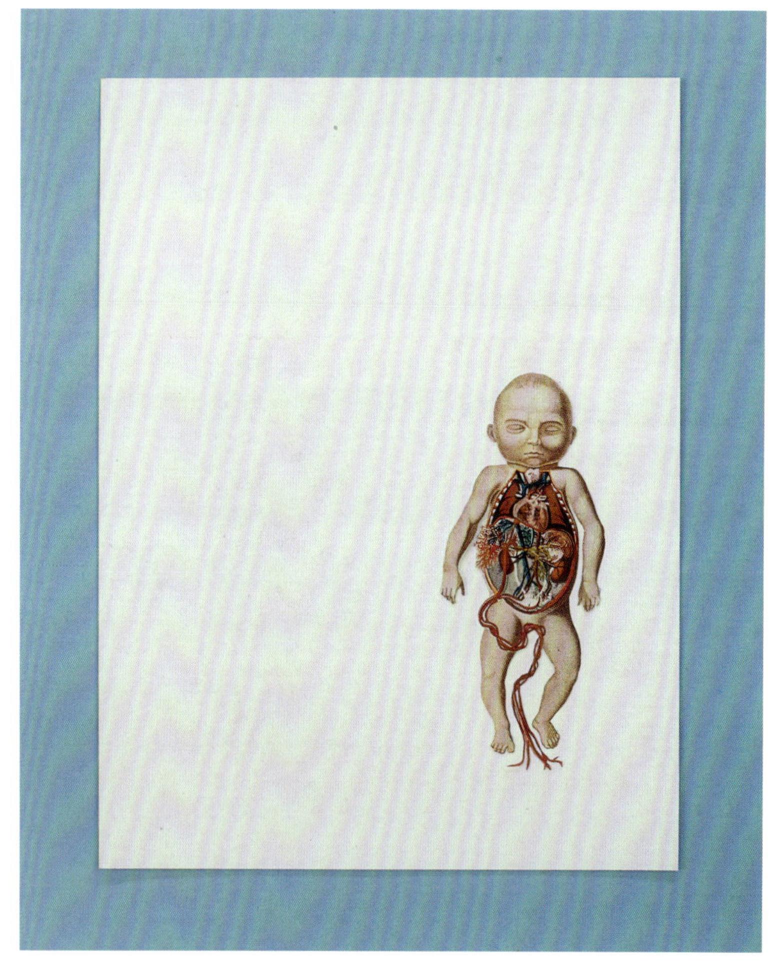

Das Baby war ein gutes Ausgangsbild für diese Collage.

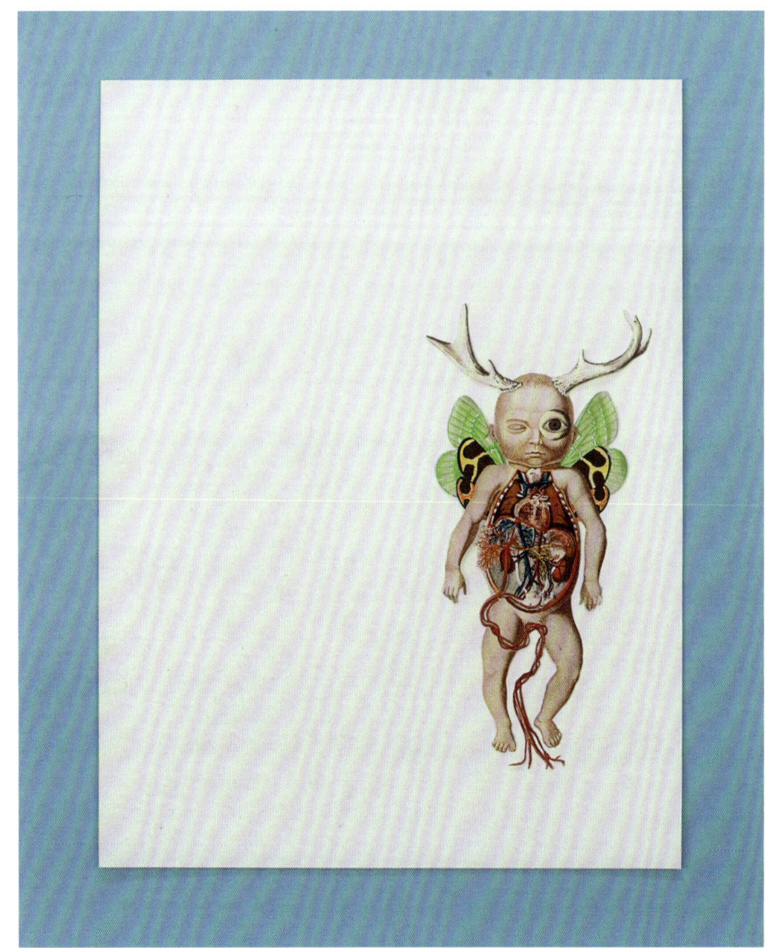

Legen Sie Ihre Komposition mit anderen Bildern übereinander. Dies ist ein weiterer guter Grund für die Arbeit mit Klebespachtel: Sie ermöglicht es Ihnen, Bilder hinter anderen zu platzieren, während Sie bauen und experimentieren.

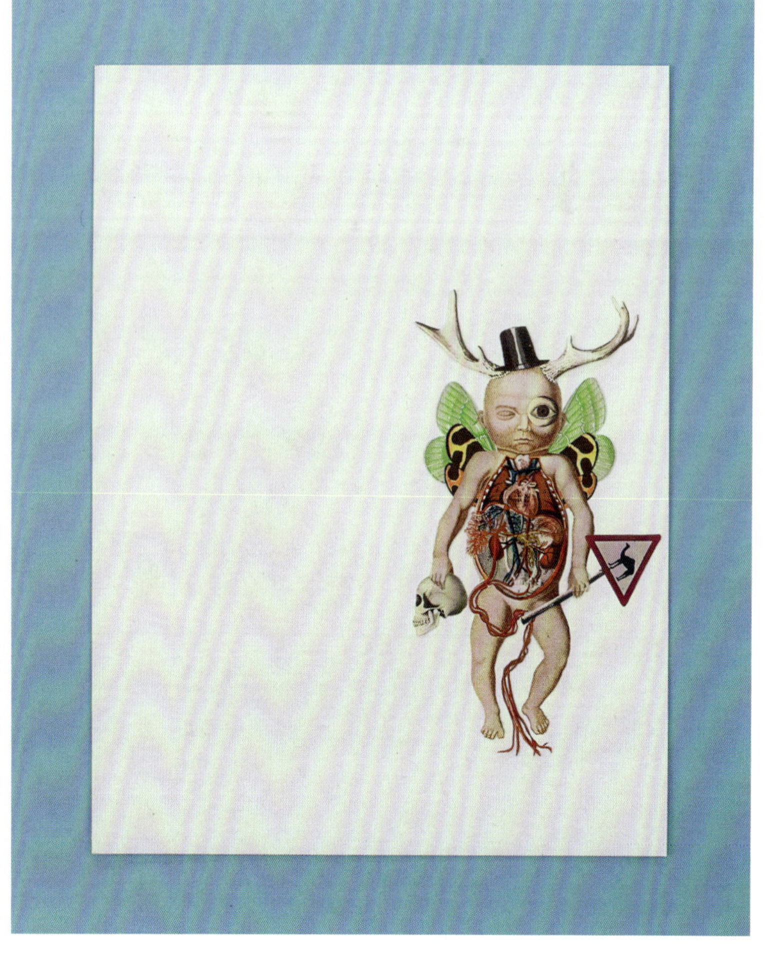

Natürlich wirkt das Baby mit Hut, Straßenschild und Schädel viel besser.

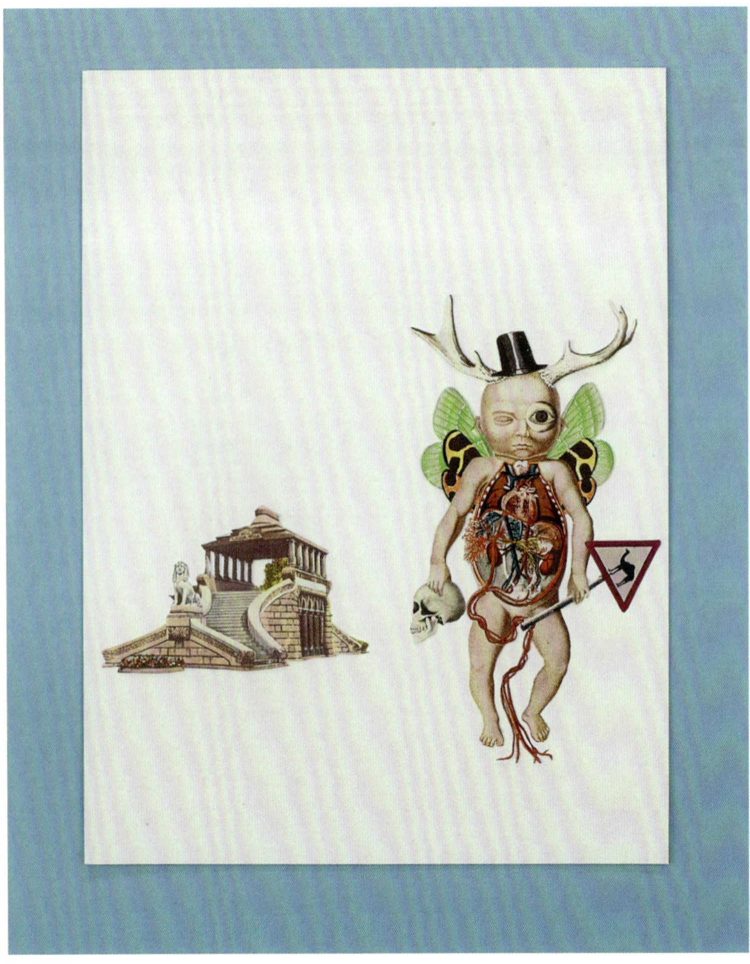

Gebäude sind gut, um der Szene etwas Atmosphäre zu geben, und nützlich, um rund um sie herum eine Szene aufzubauen.

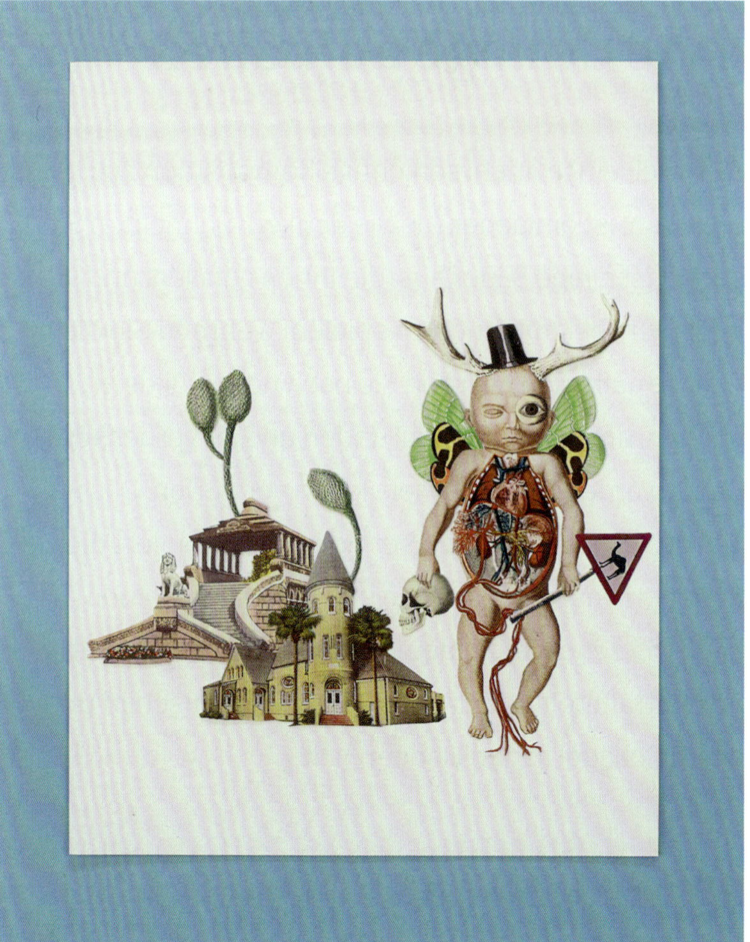

In diesem Stadium schien es eine gute Idee, mit ein paar Riesenpflanzen etwas Höhe ins Bild zu bringen. Je absurder die Proportionen sind, umso besser.

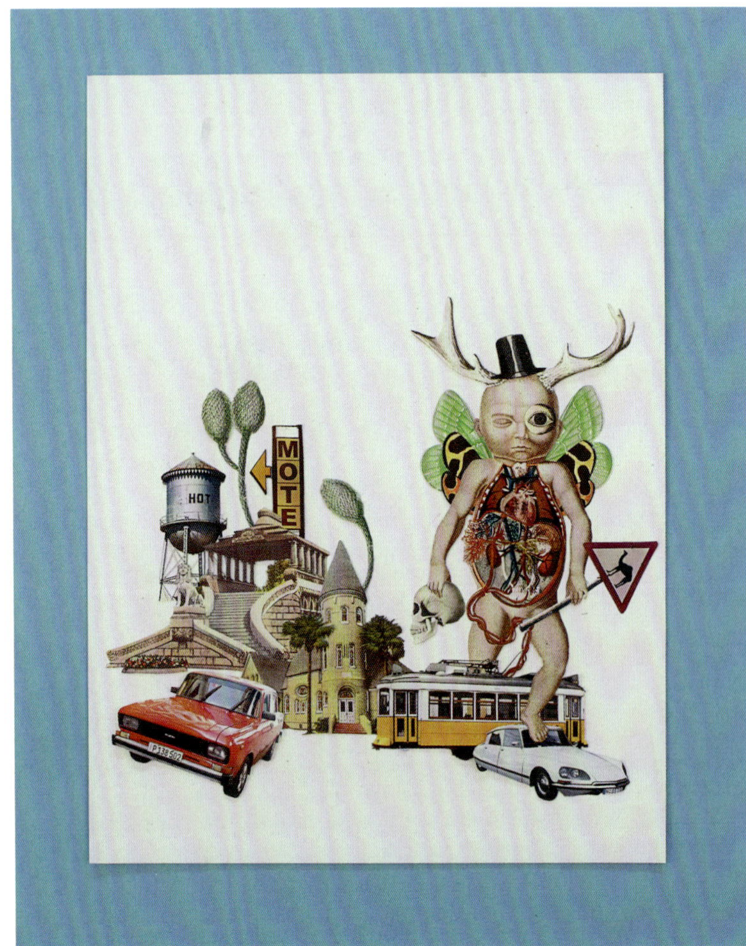

Interaktionen sorgen für Humor und erzählen eine Geschichte. Hier durfte das Baby über eine Straßenbahn und ein Auto laufen.

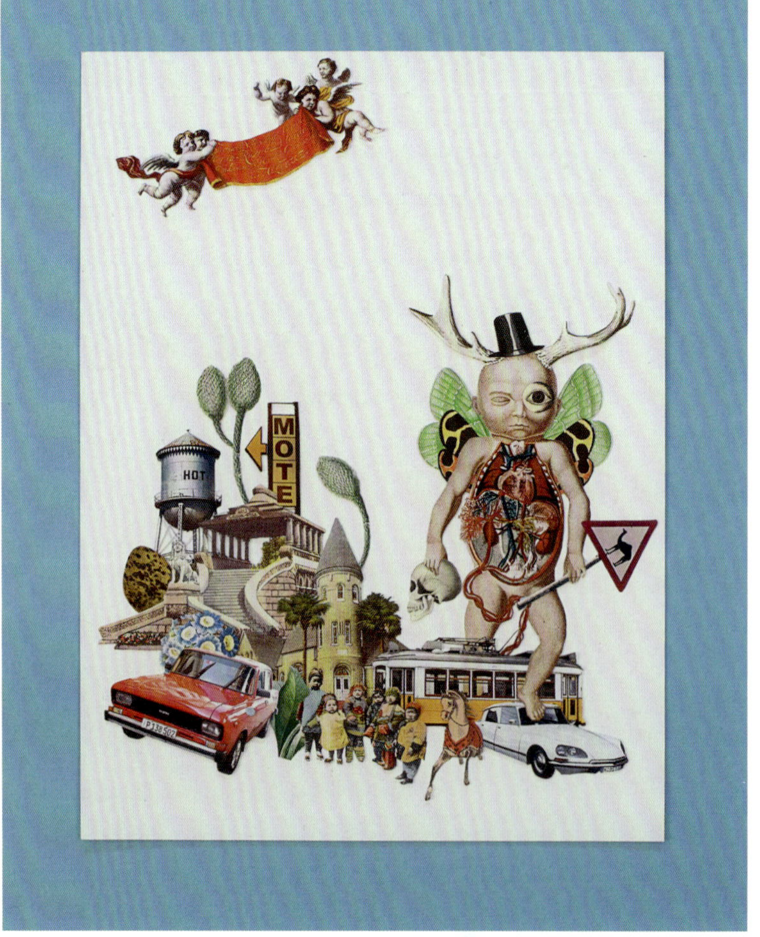

Durch einige dynamische Figuren, wie die fliegenden Cherubim und das galoppierende Pferd, wird die Collage zum Leben erweckt.

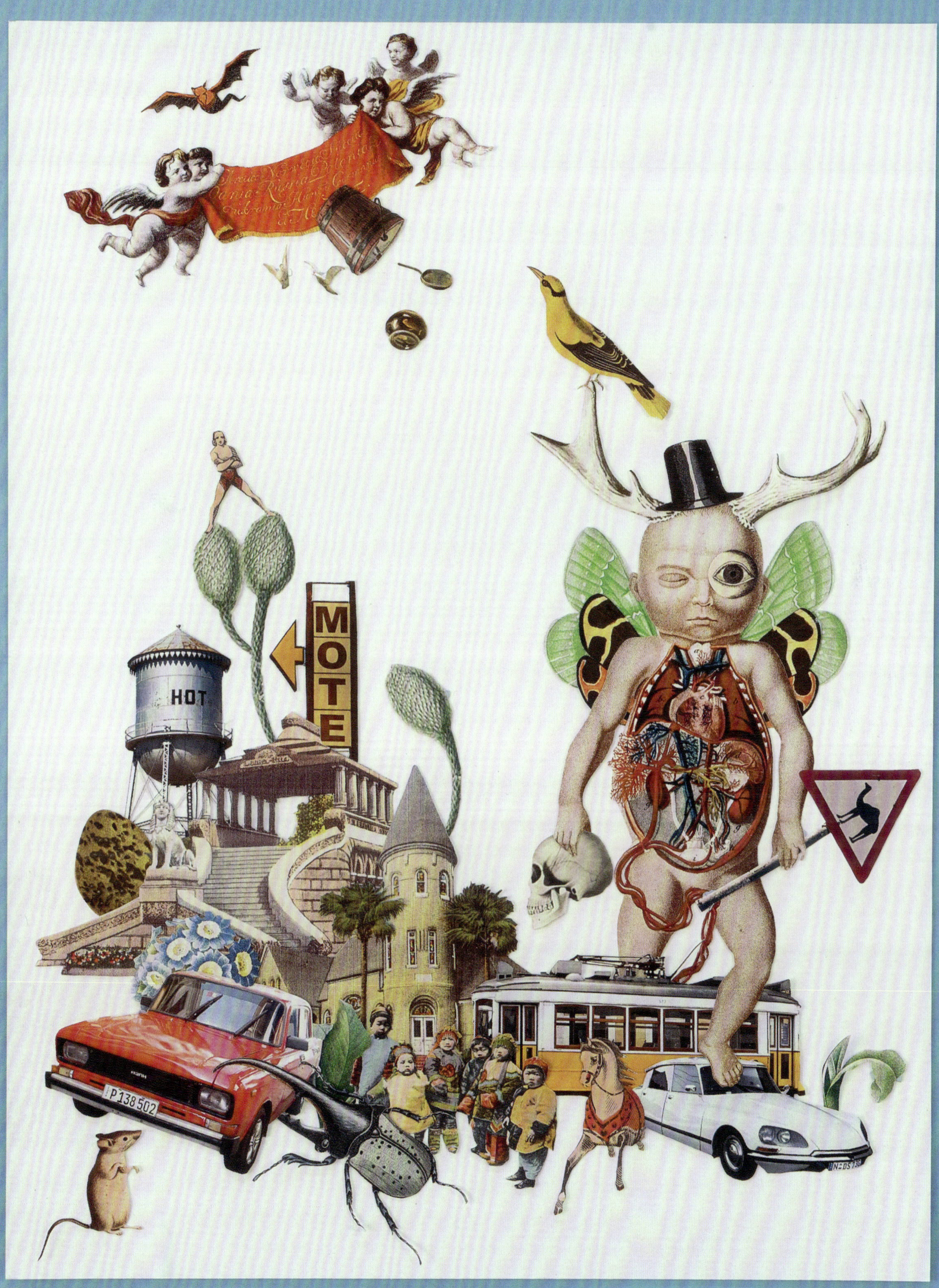

Schließlich fügen Sie die kleinen Details hinzu, die das Bild erst interessant machen: den Hirschkäfer, fliegende Töpfe und Pfannen, eine Maus, einen Vogel und einen kleinen Mann auf einer Pflanze.

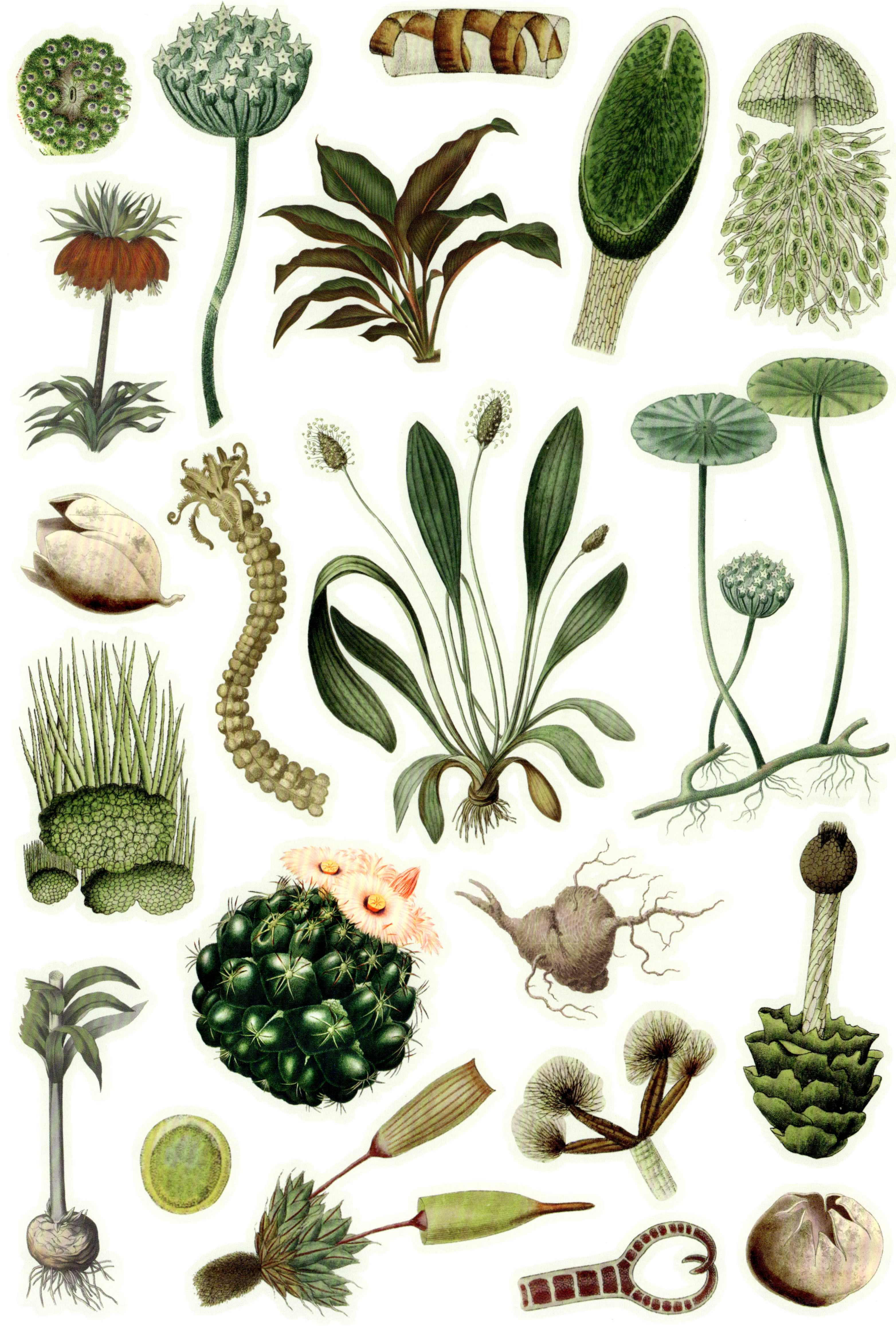

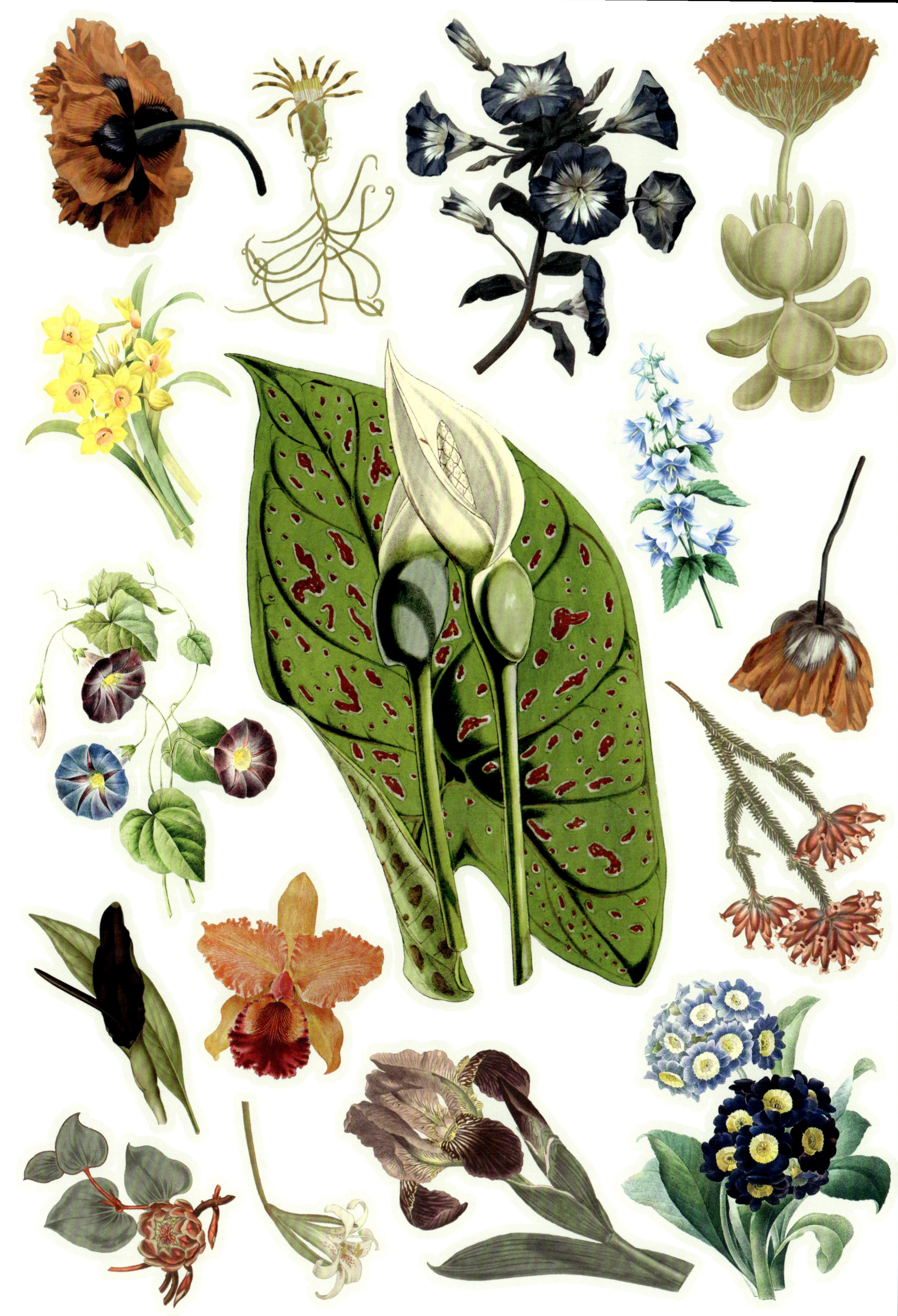

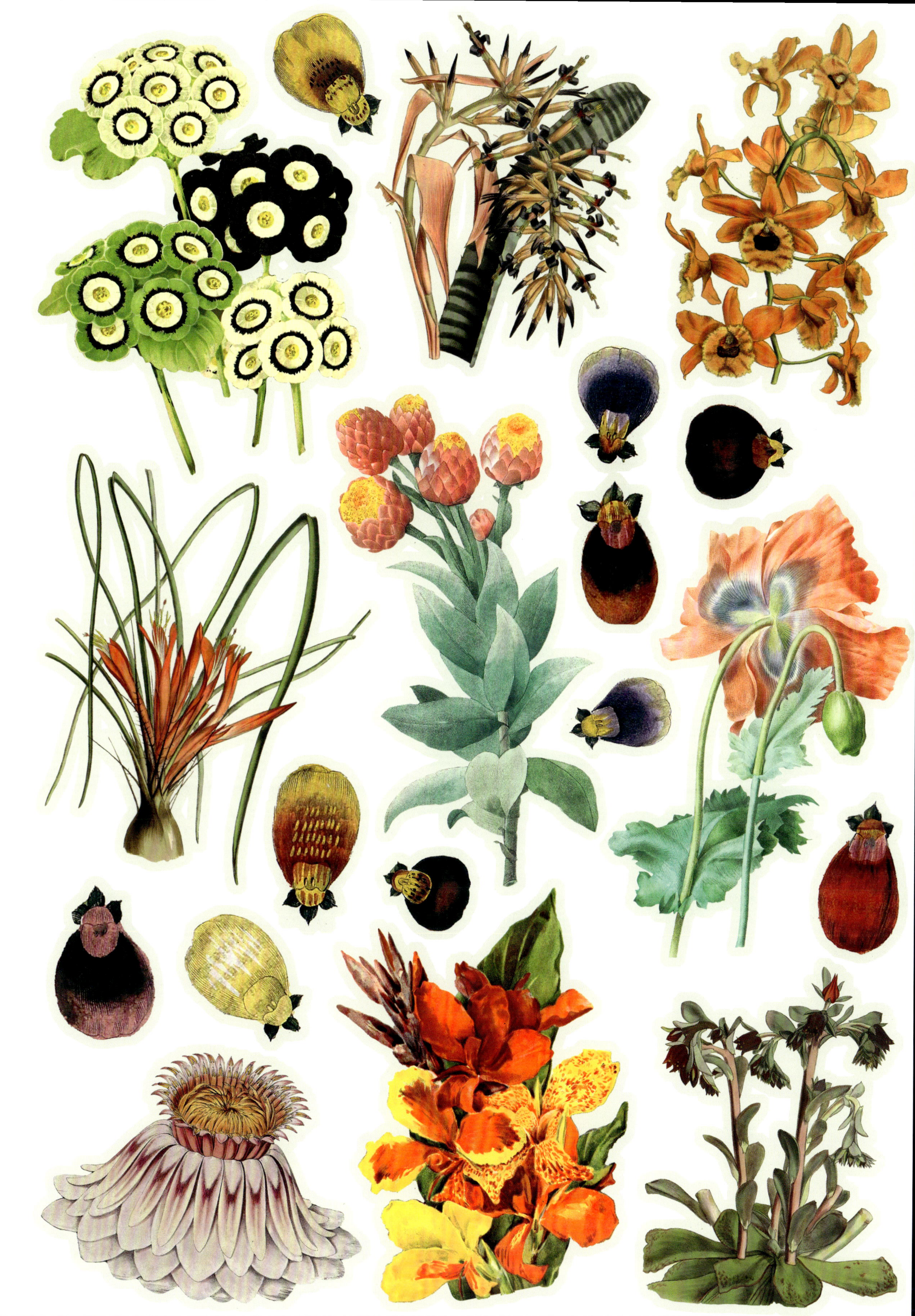

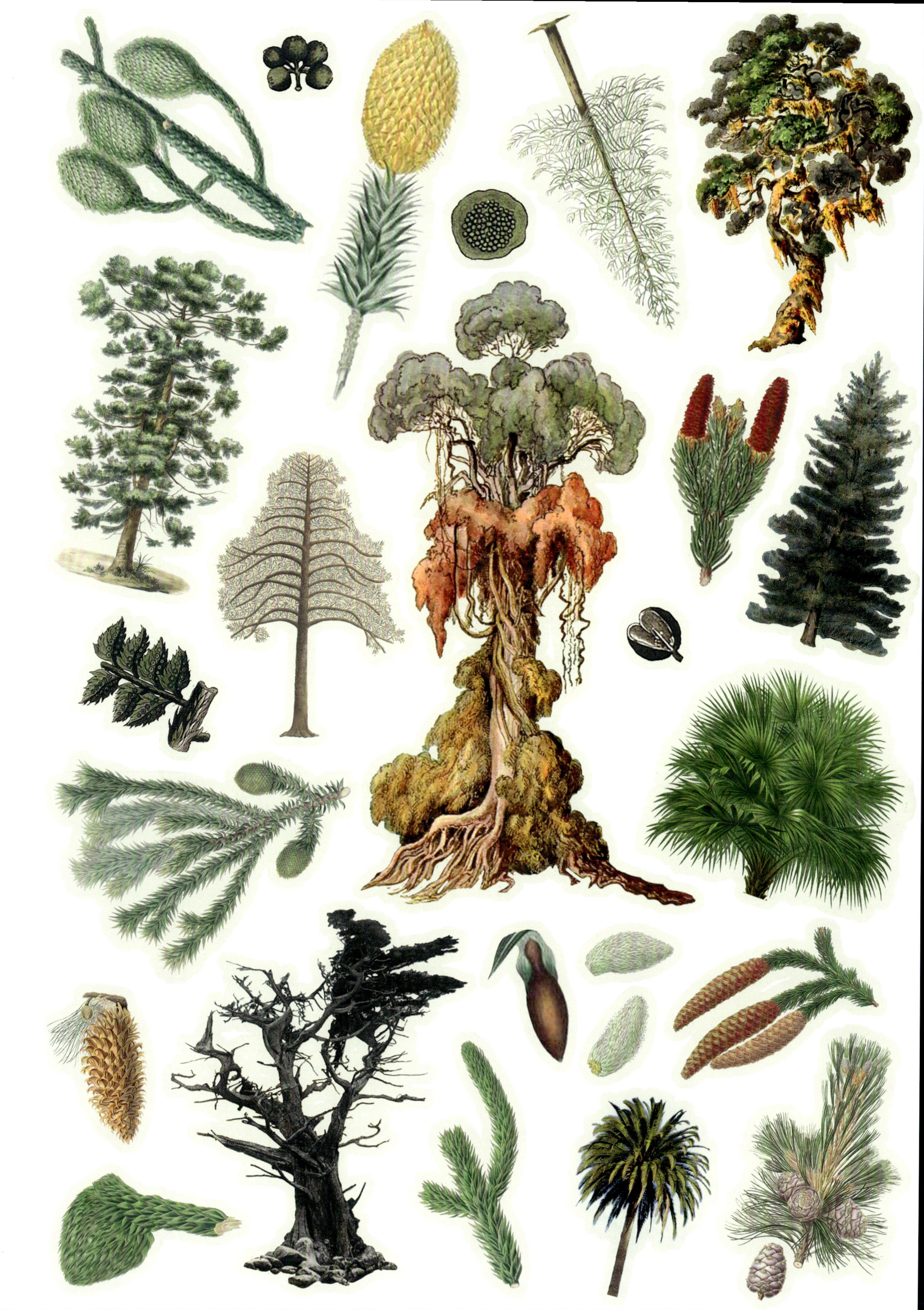

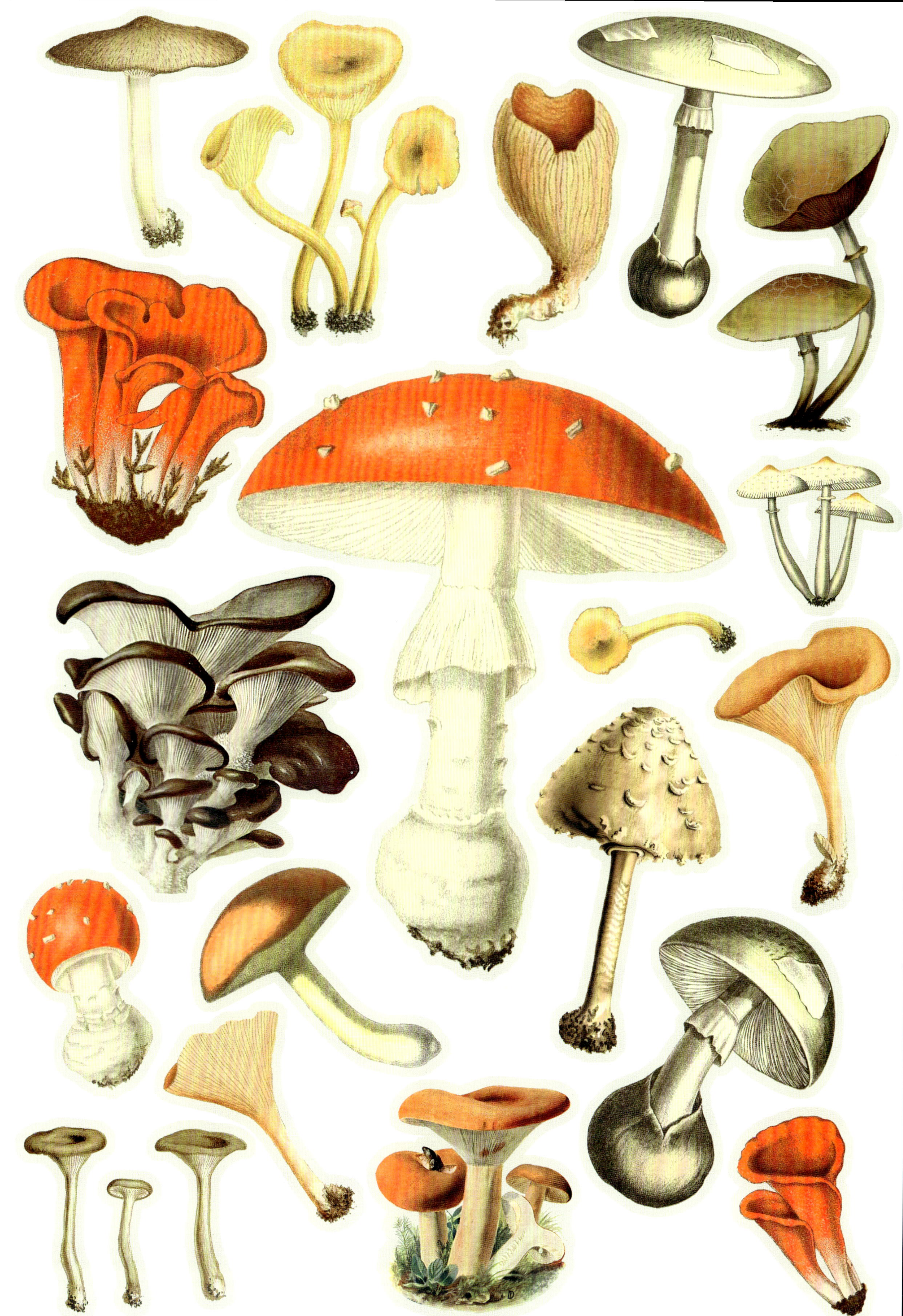

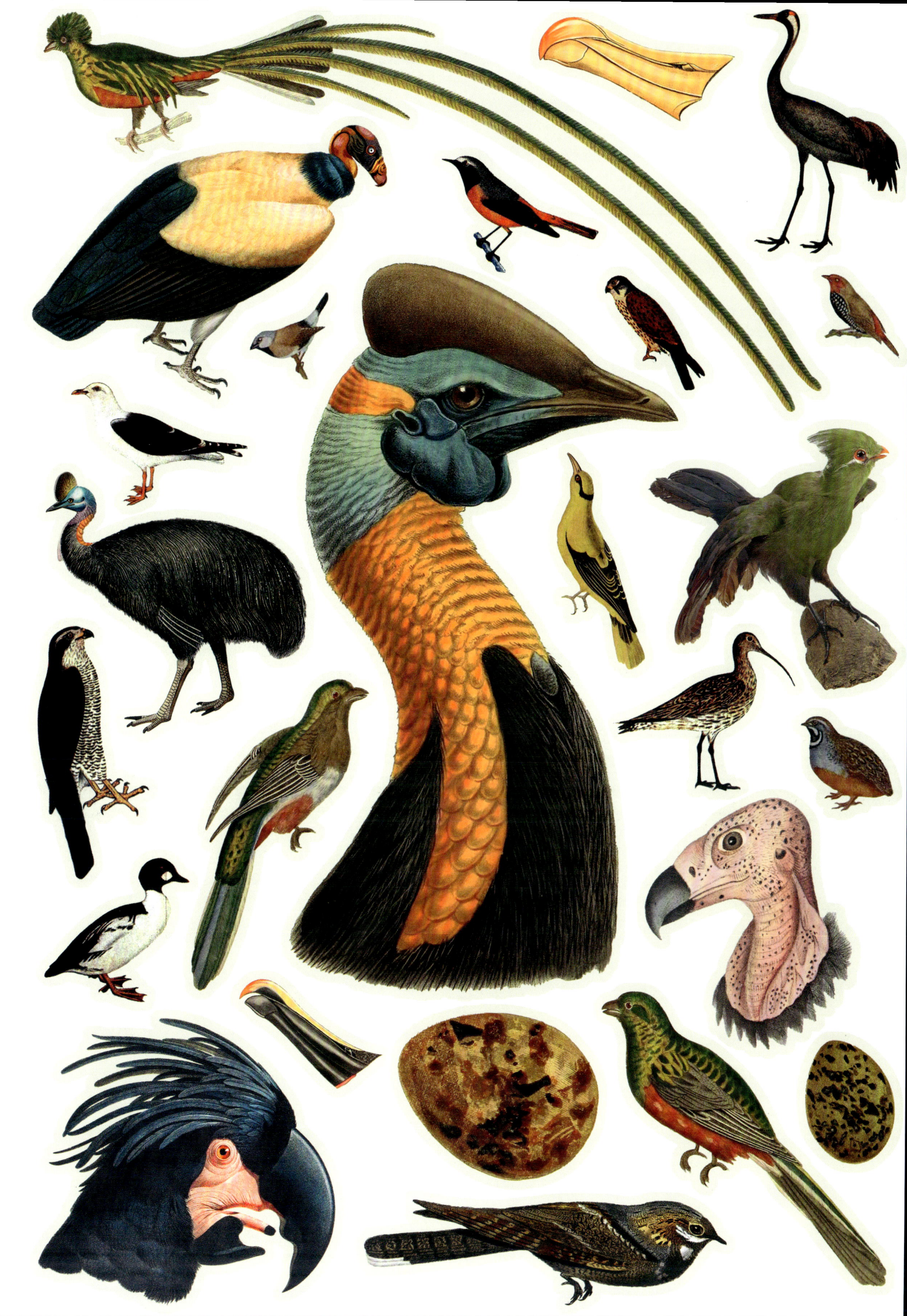

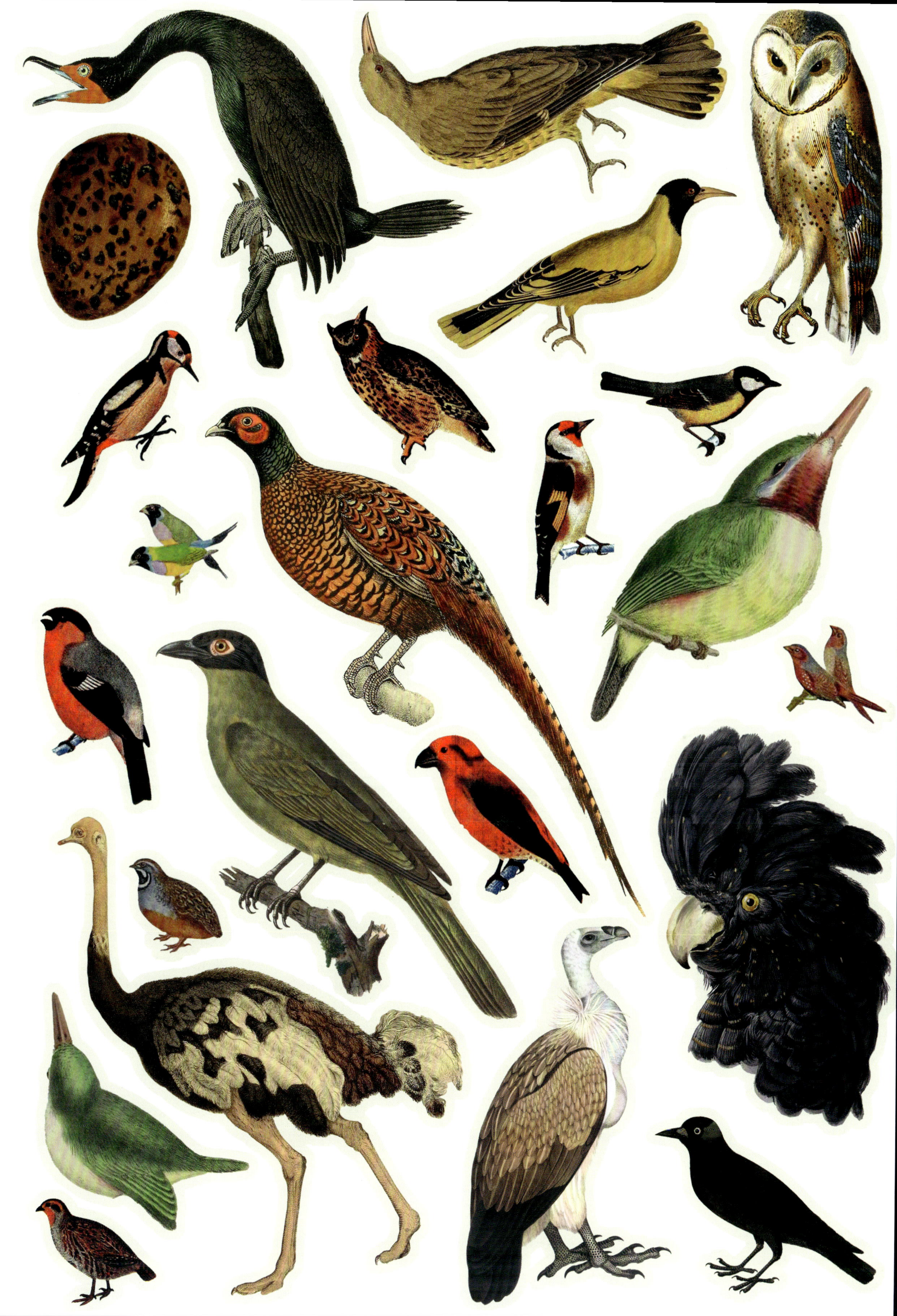

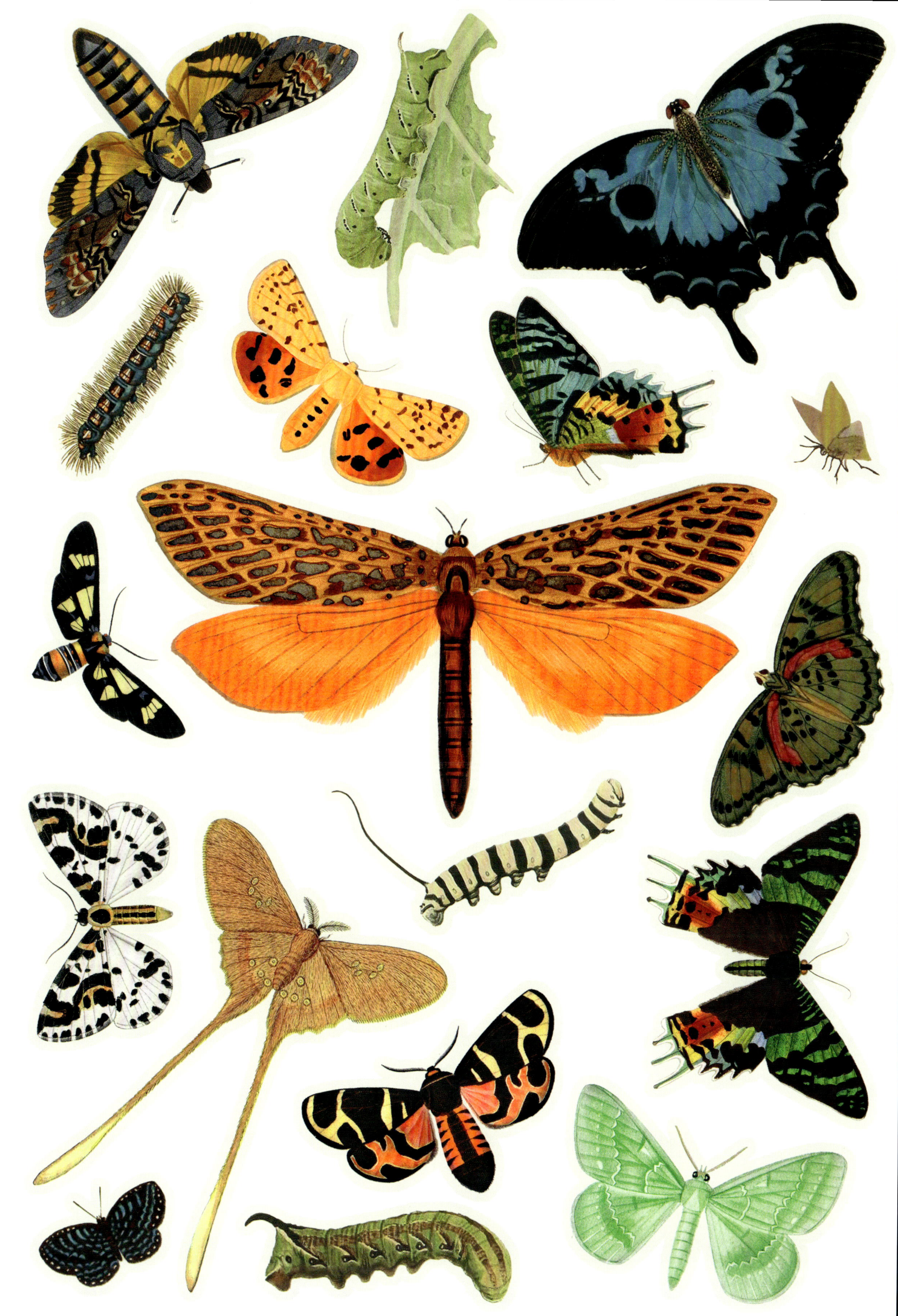

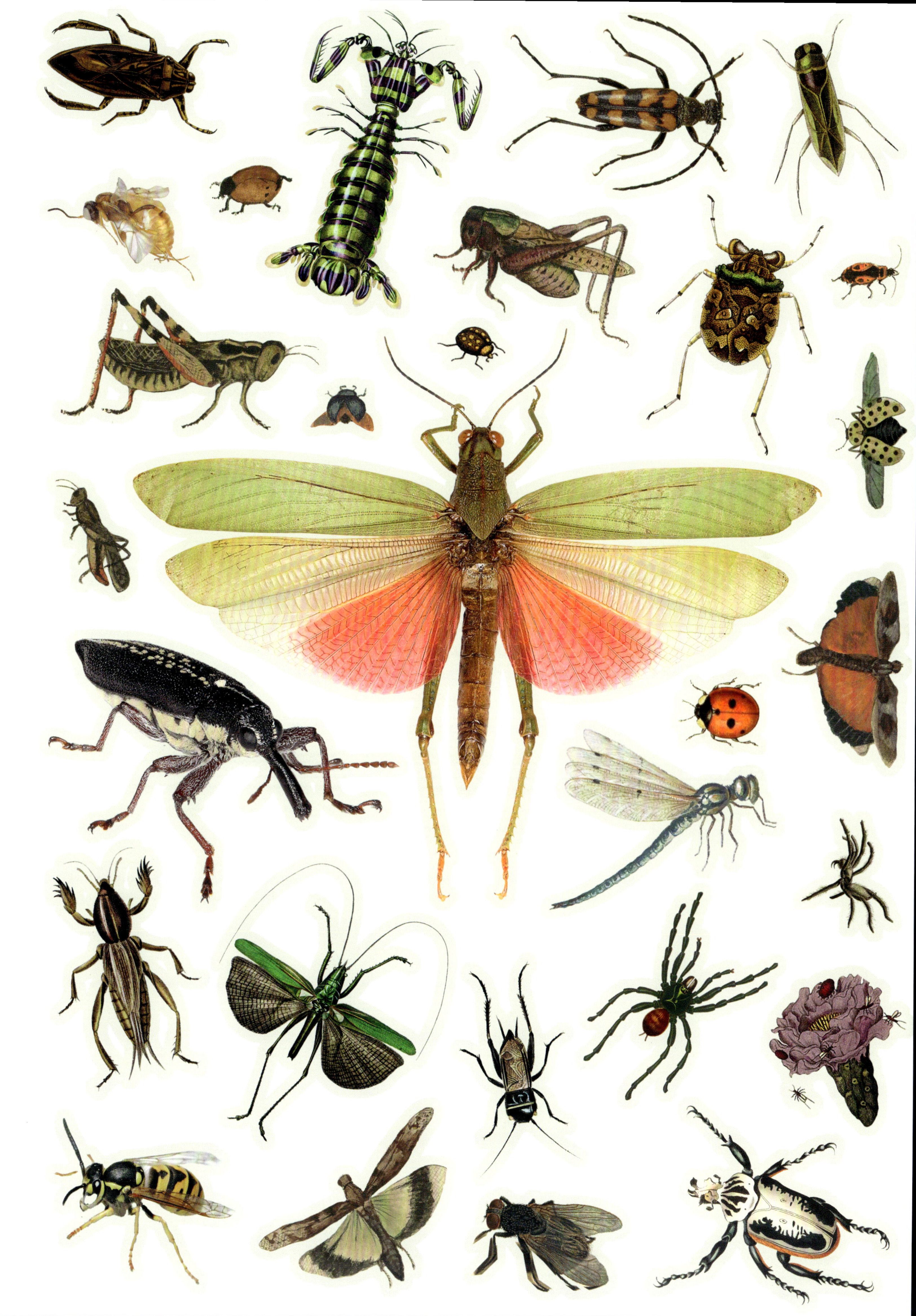

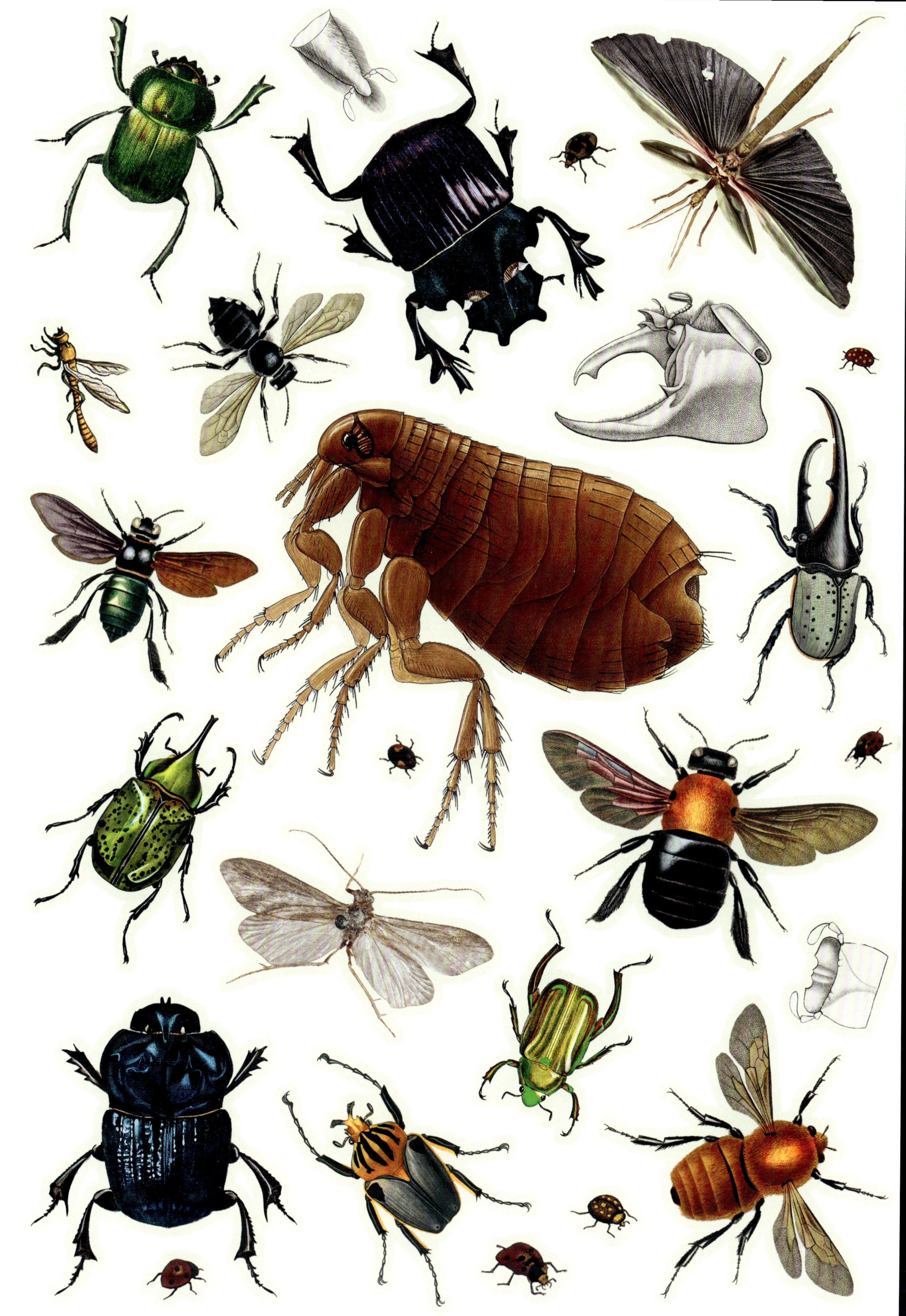

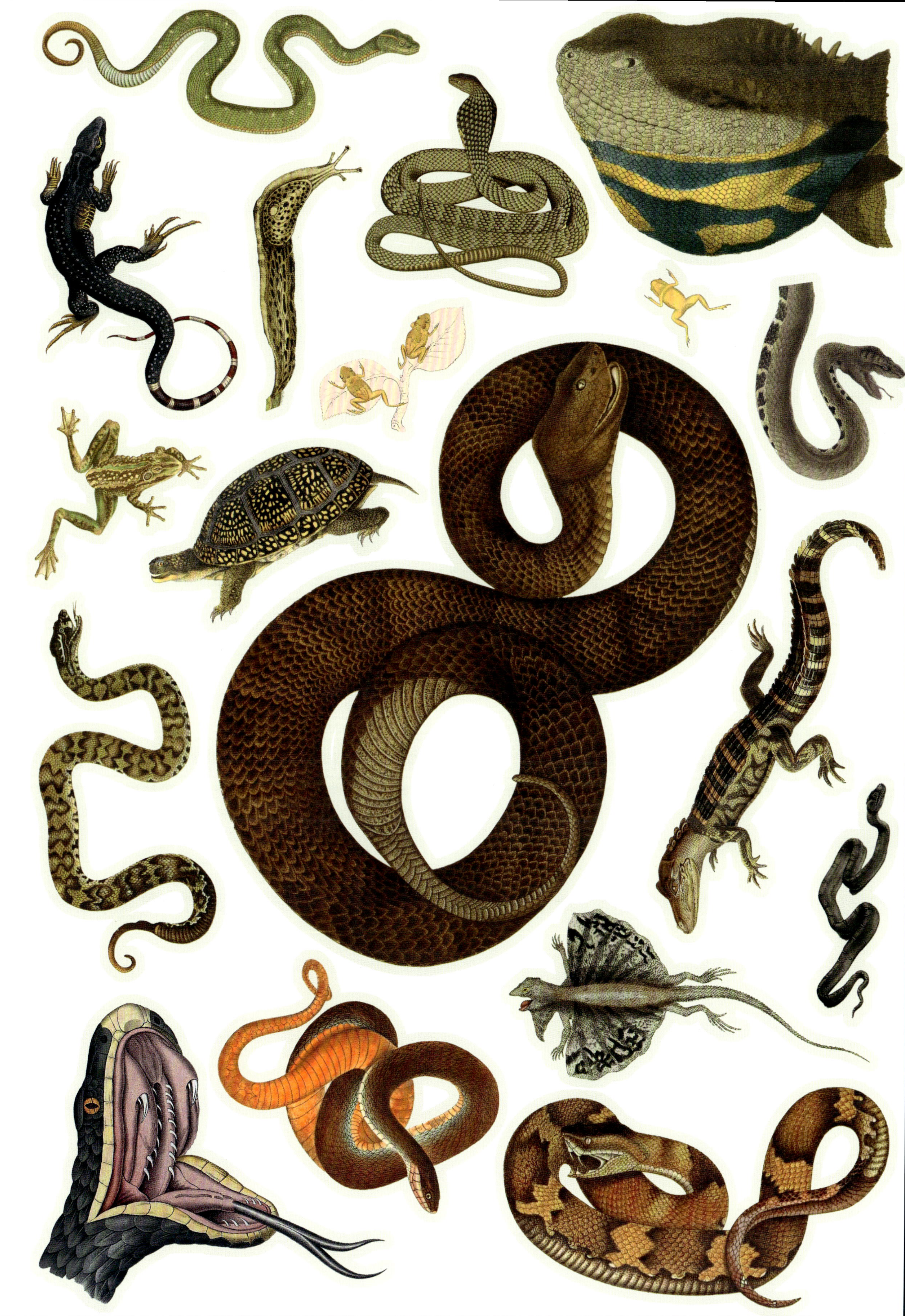

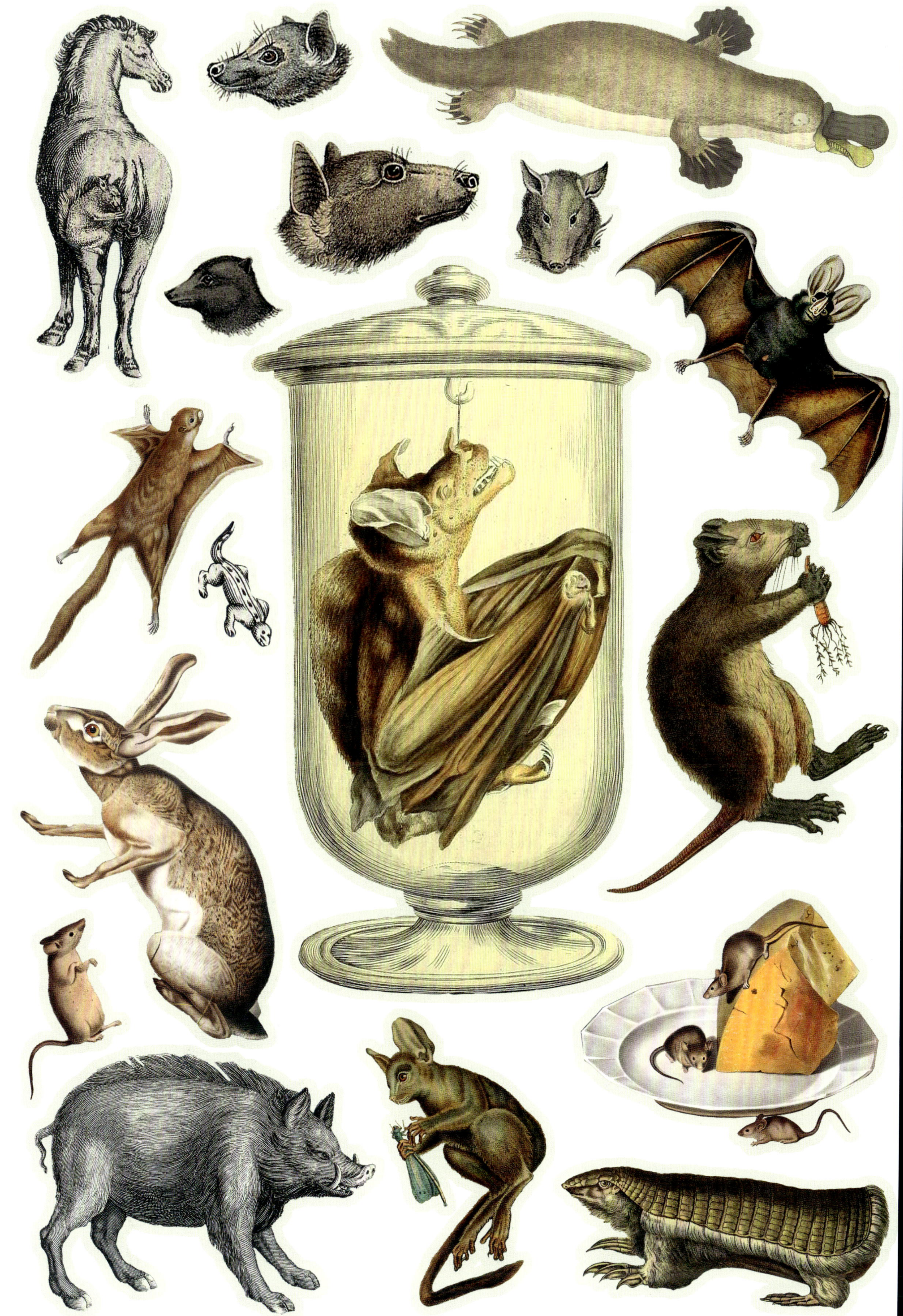

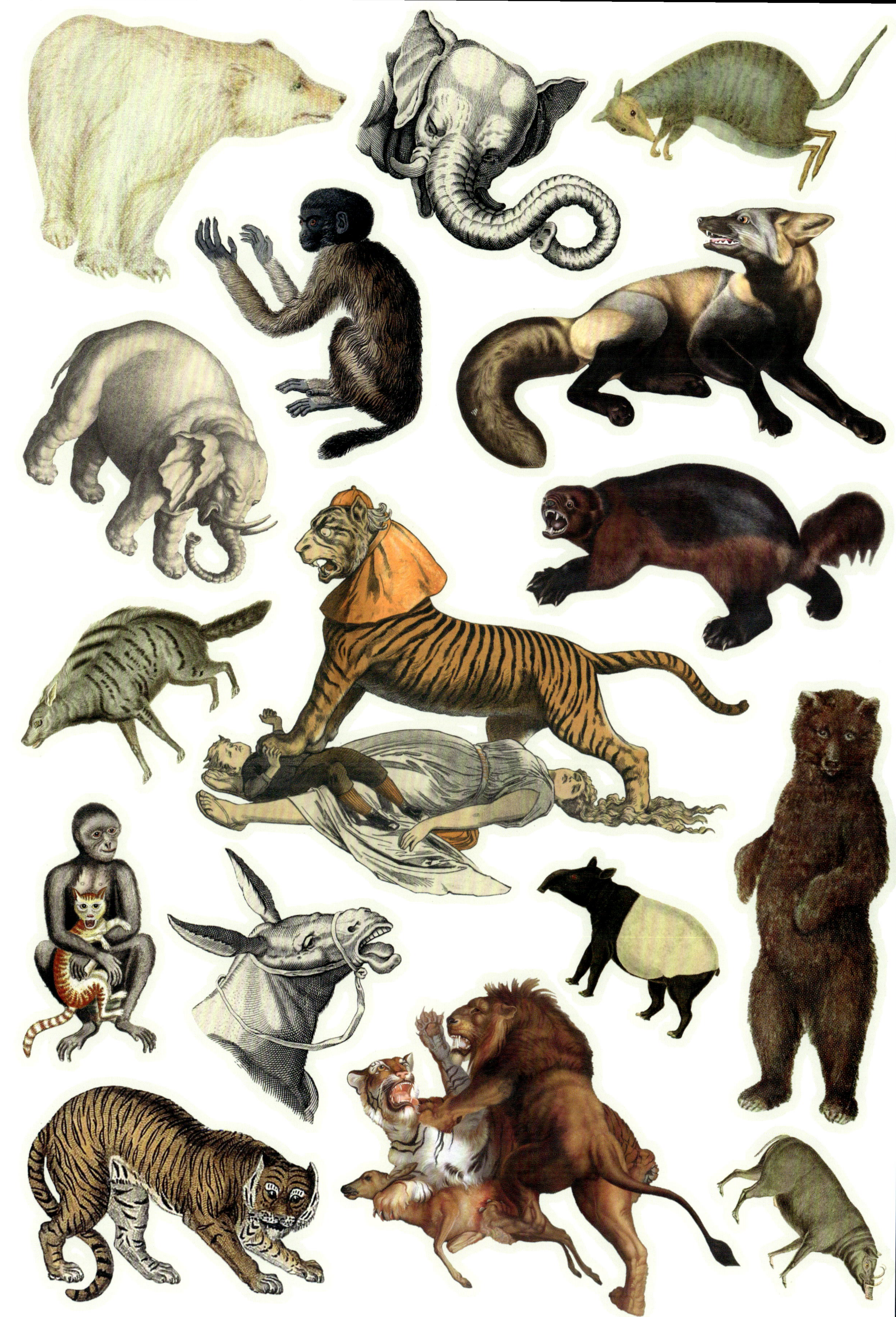

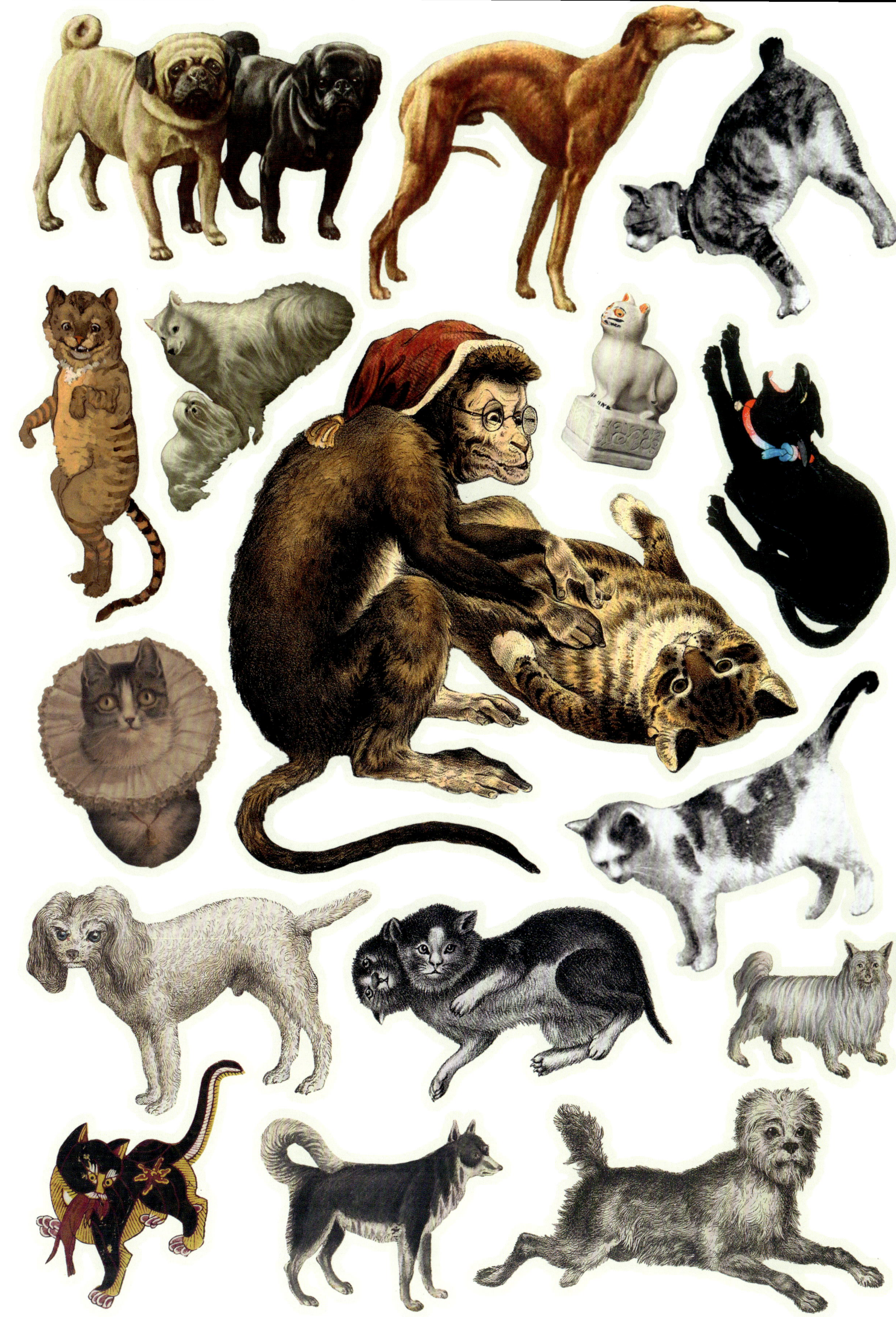

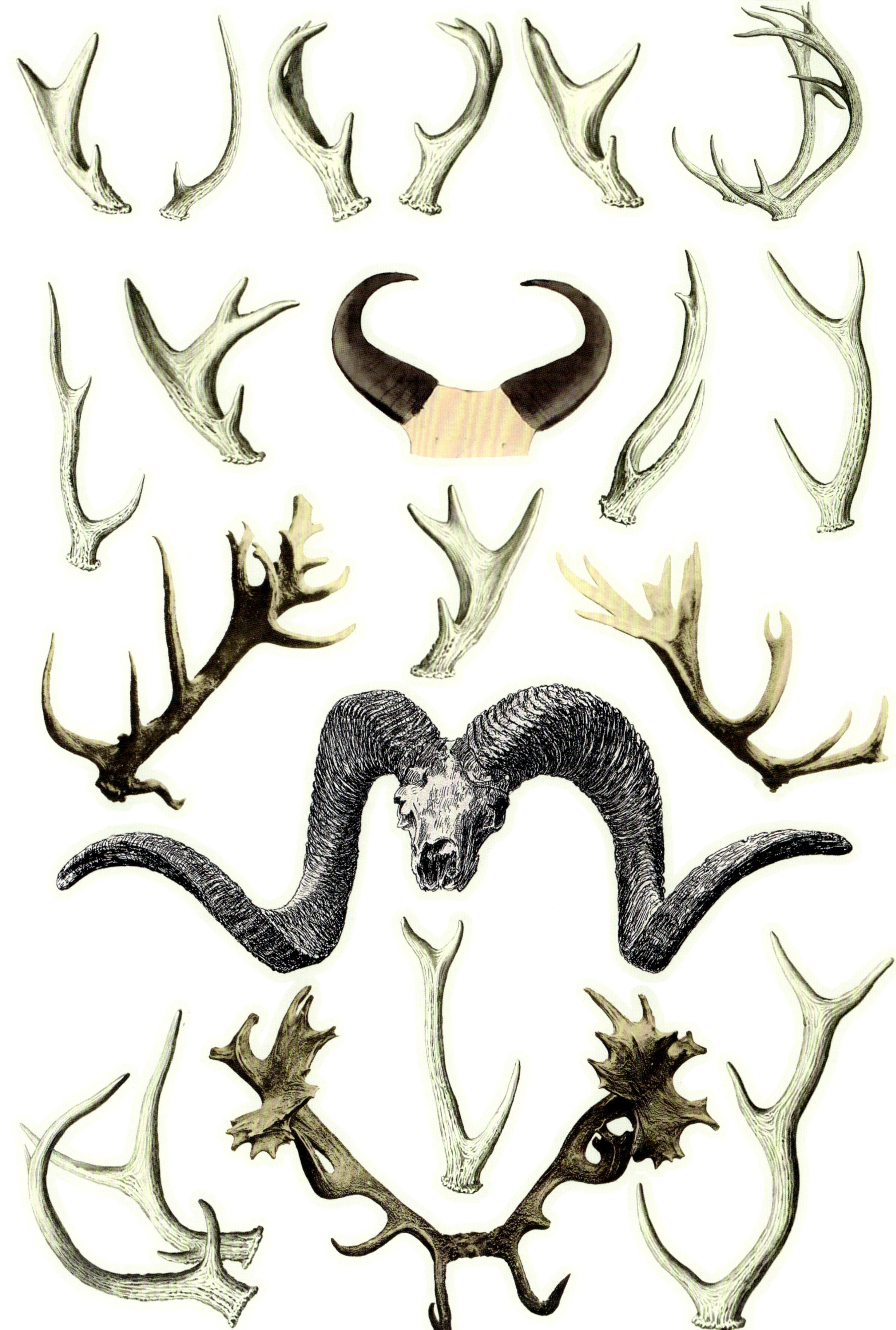

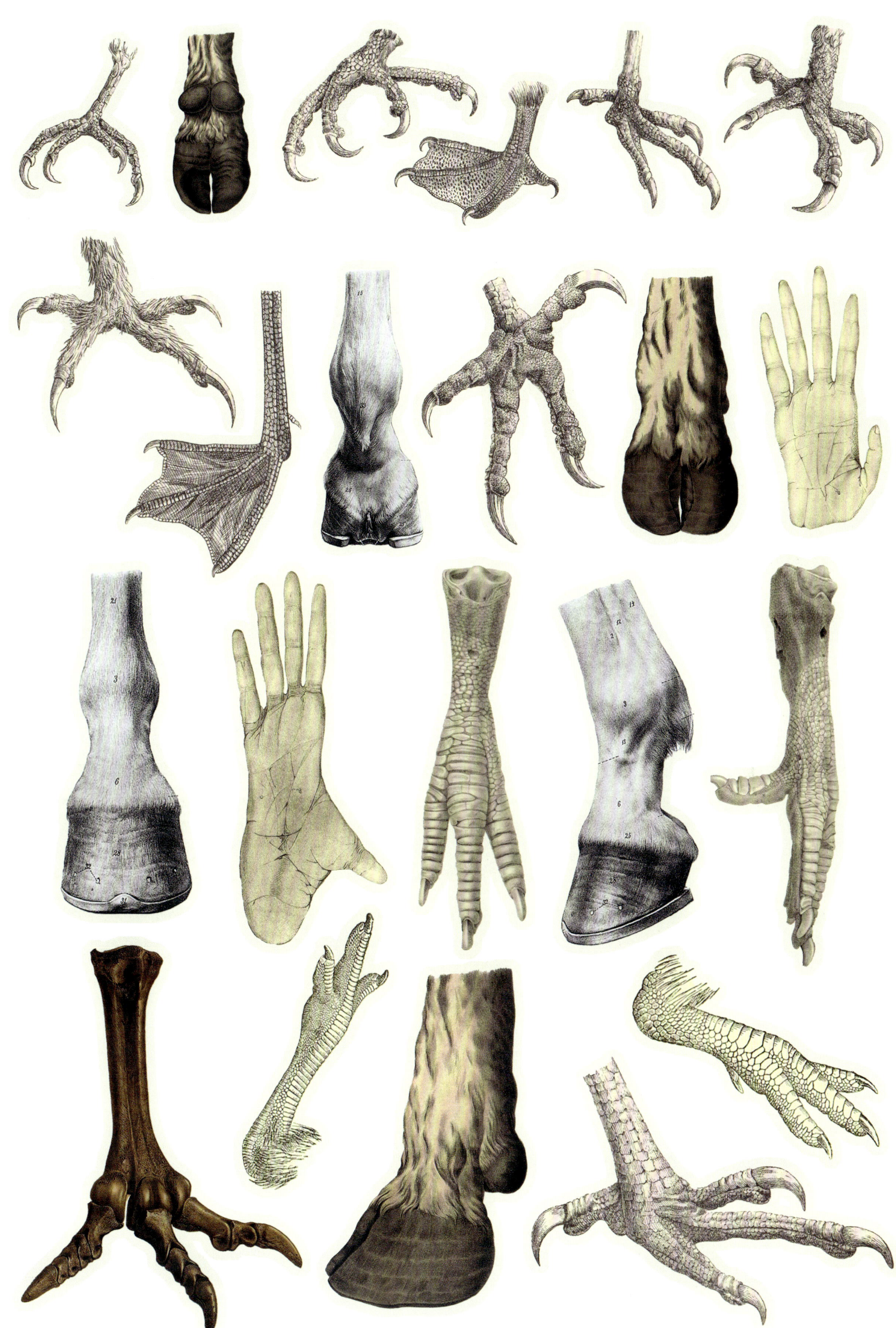

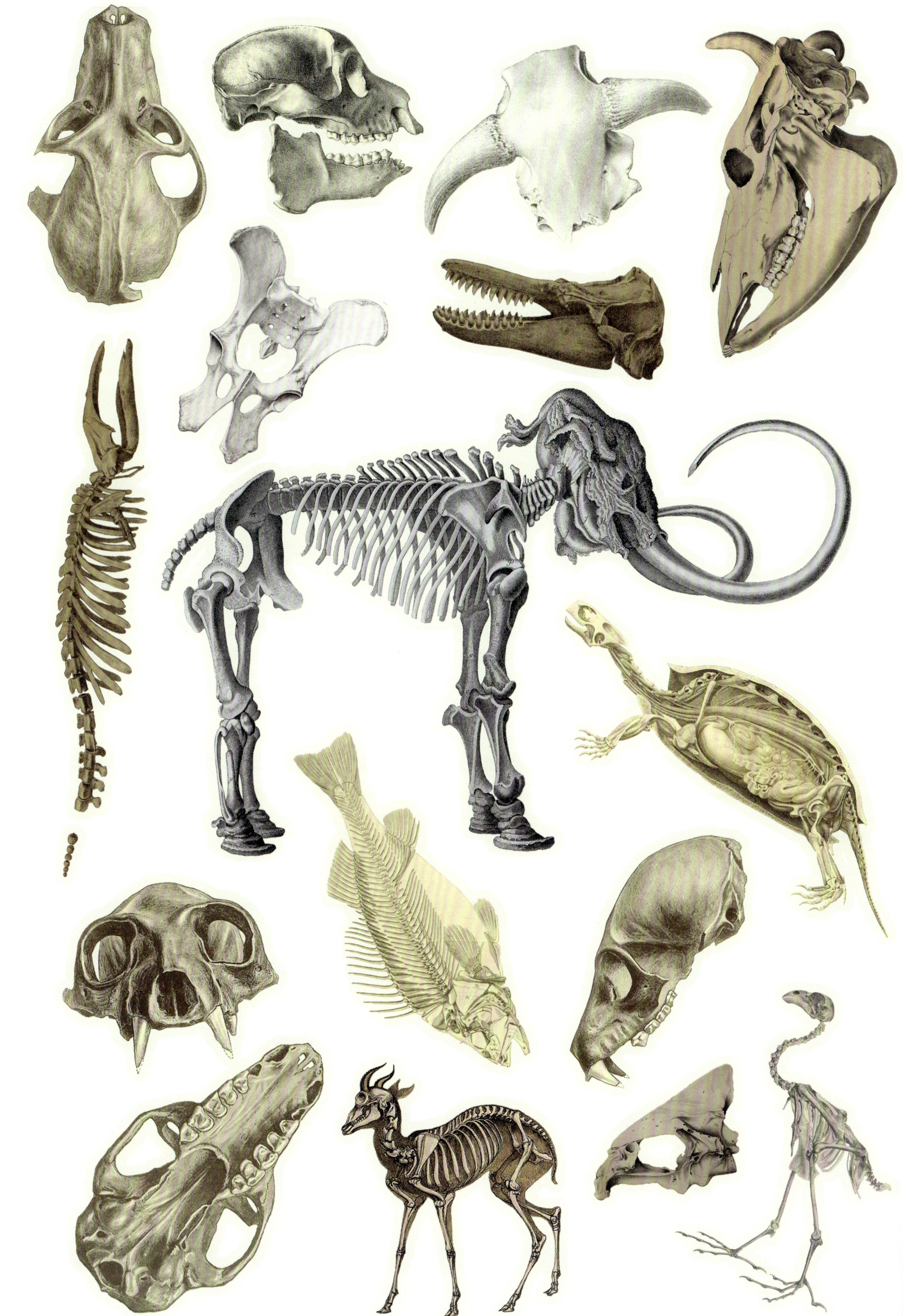

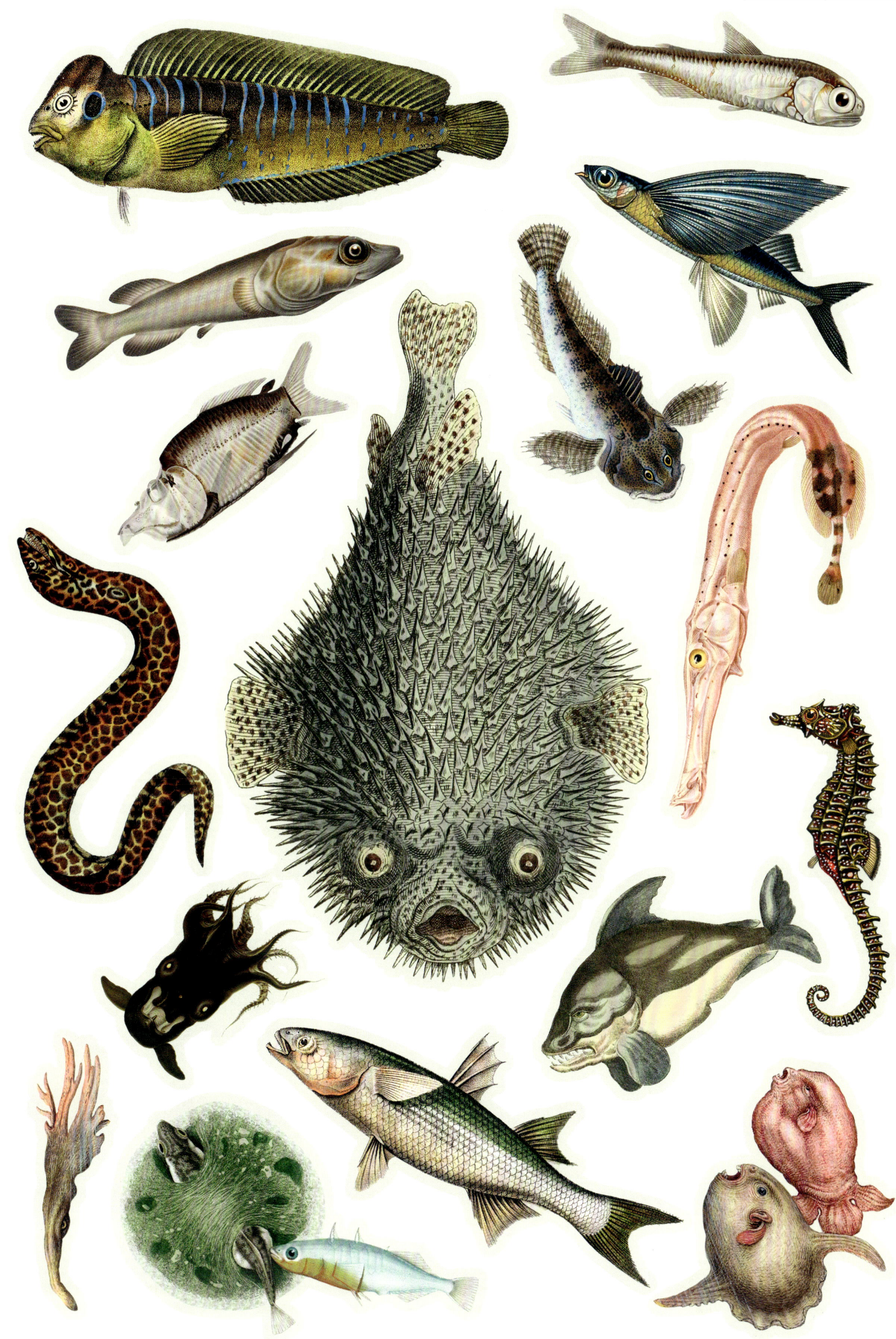

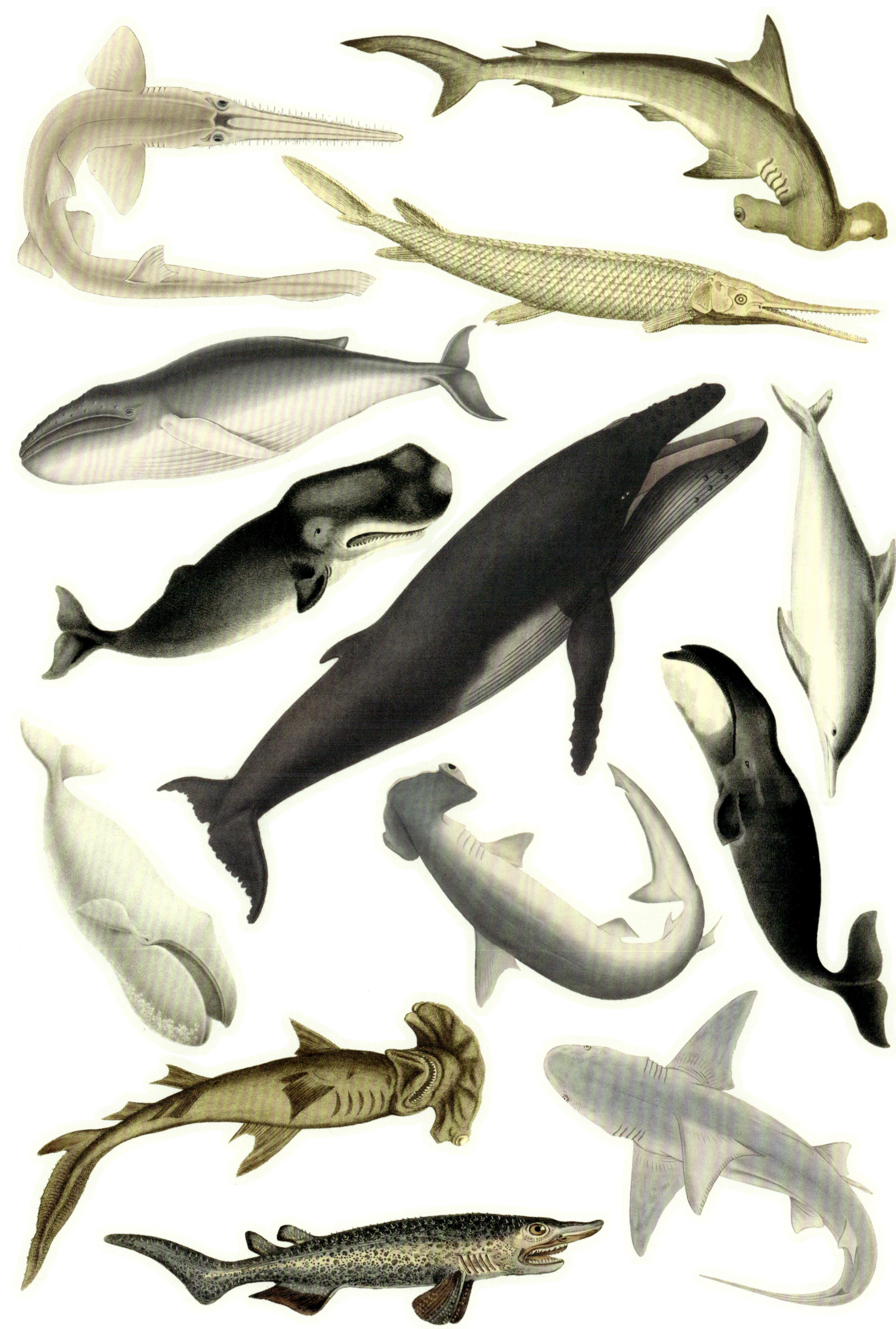

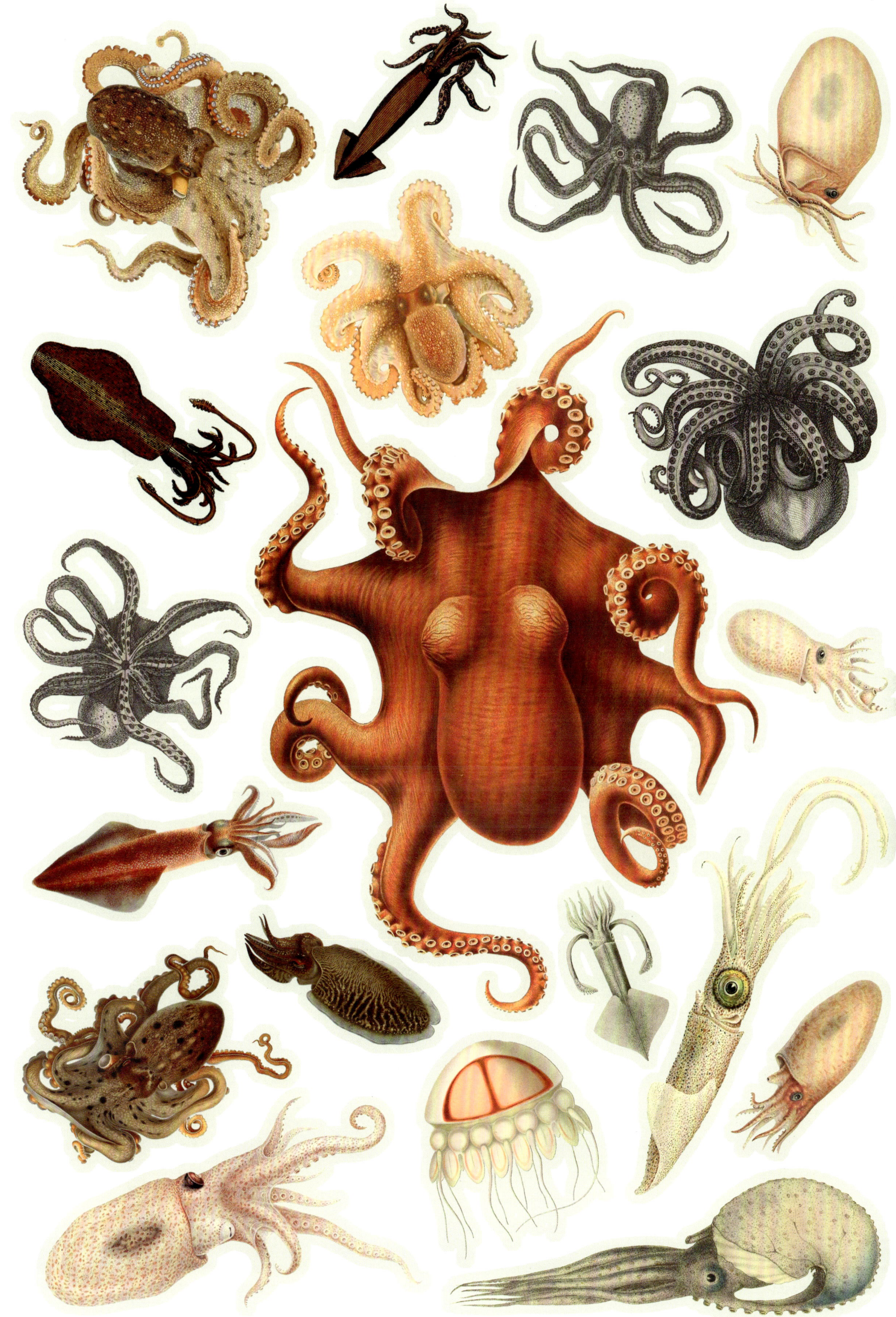

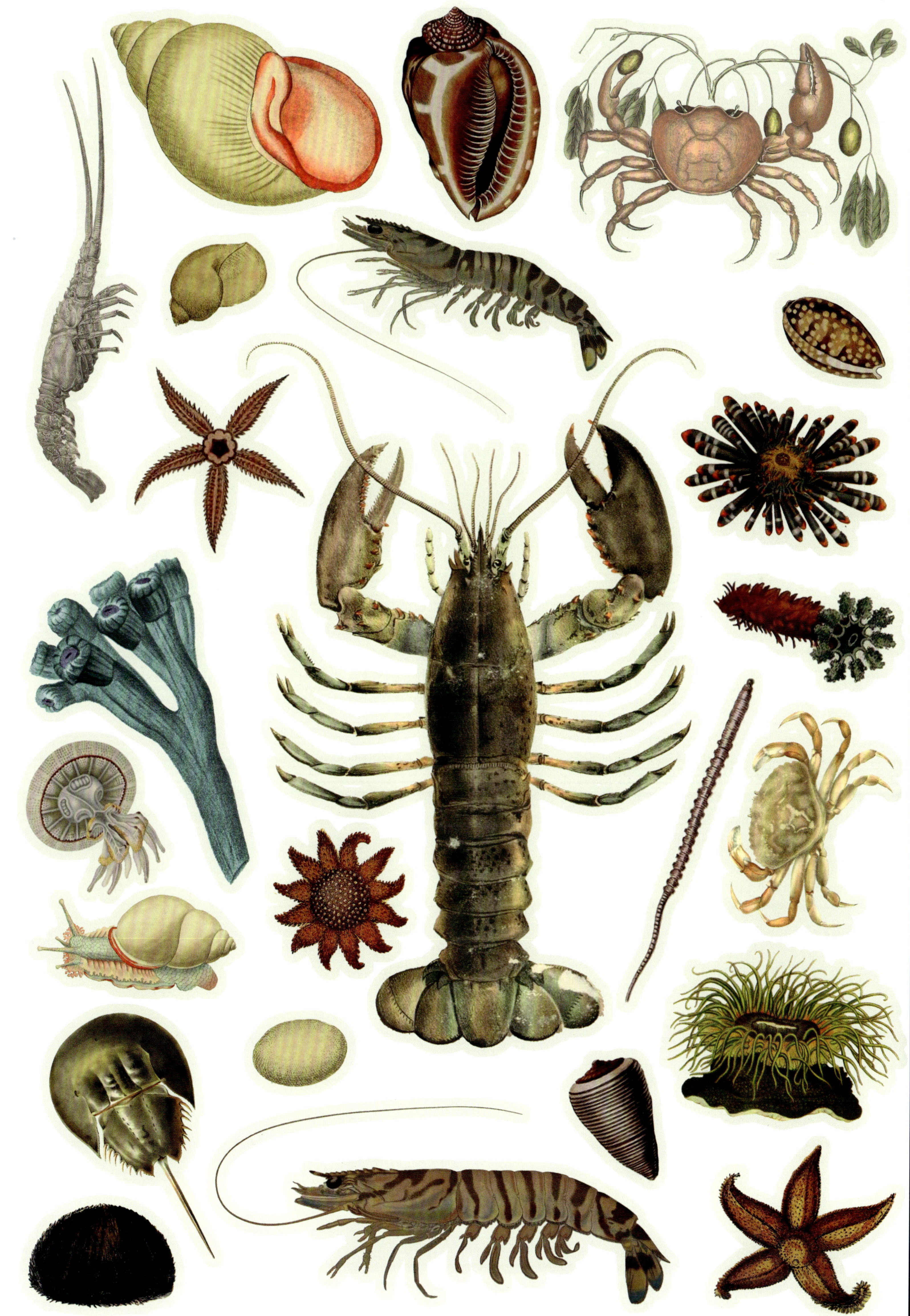

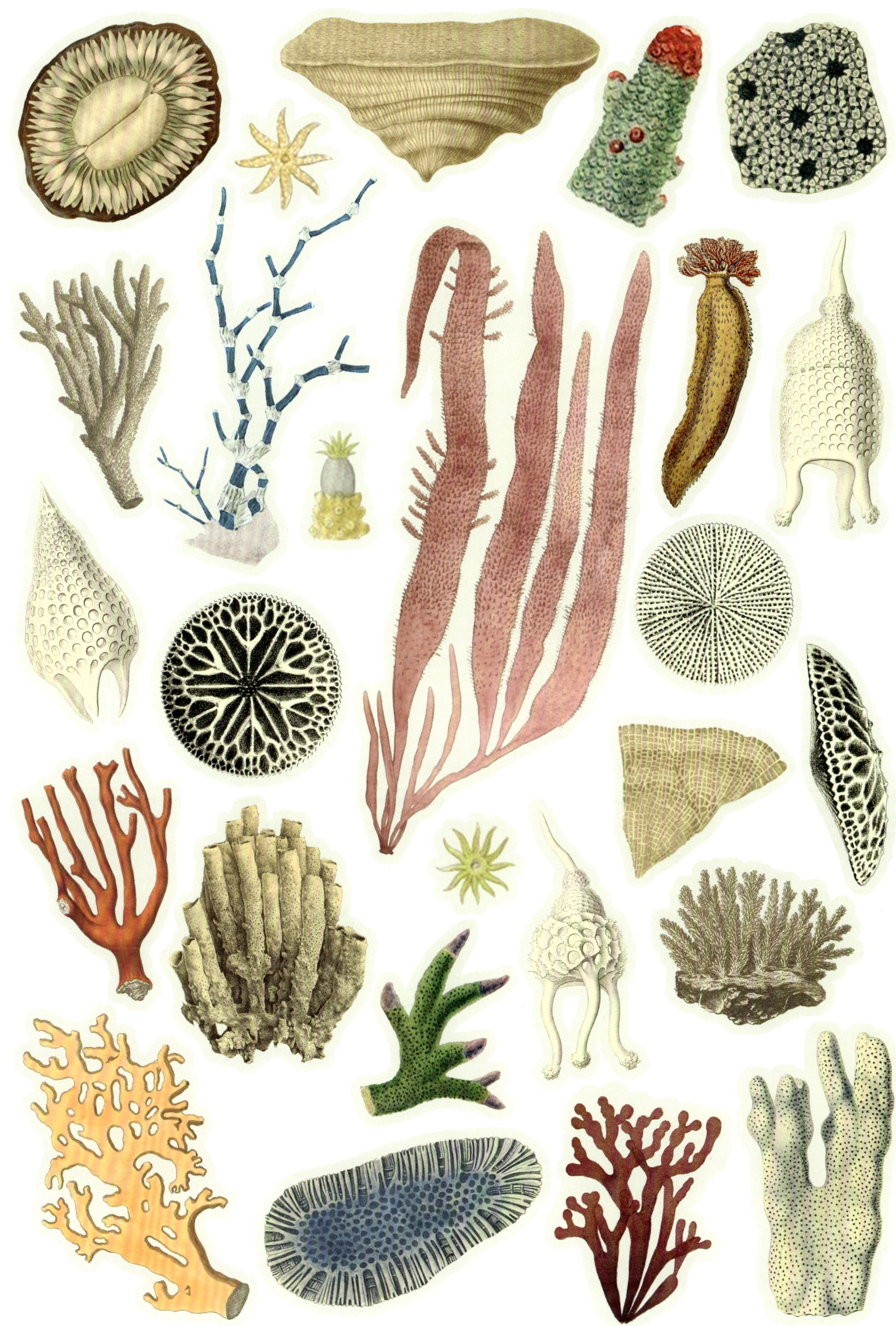

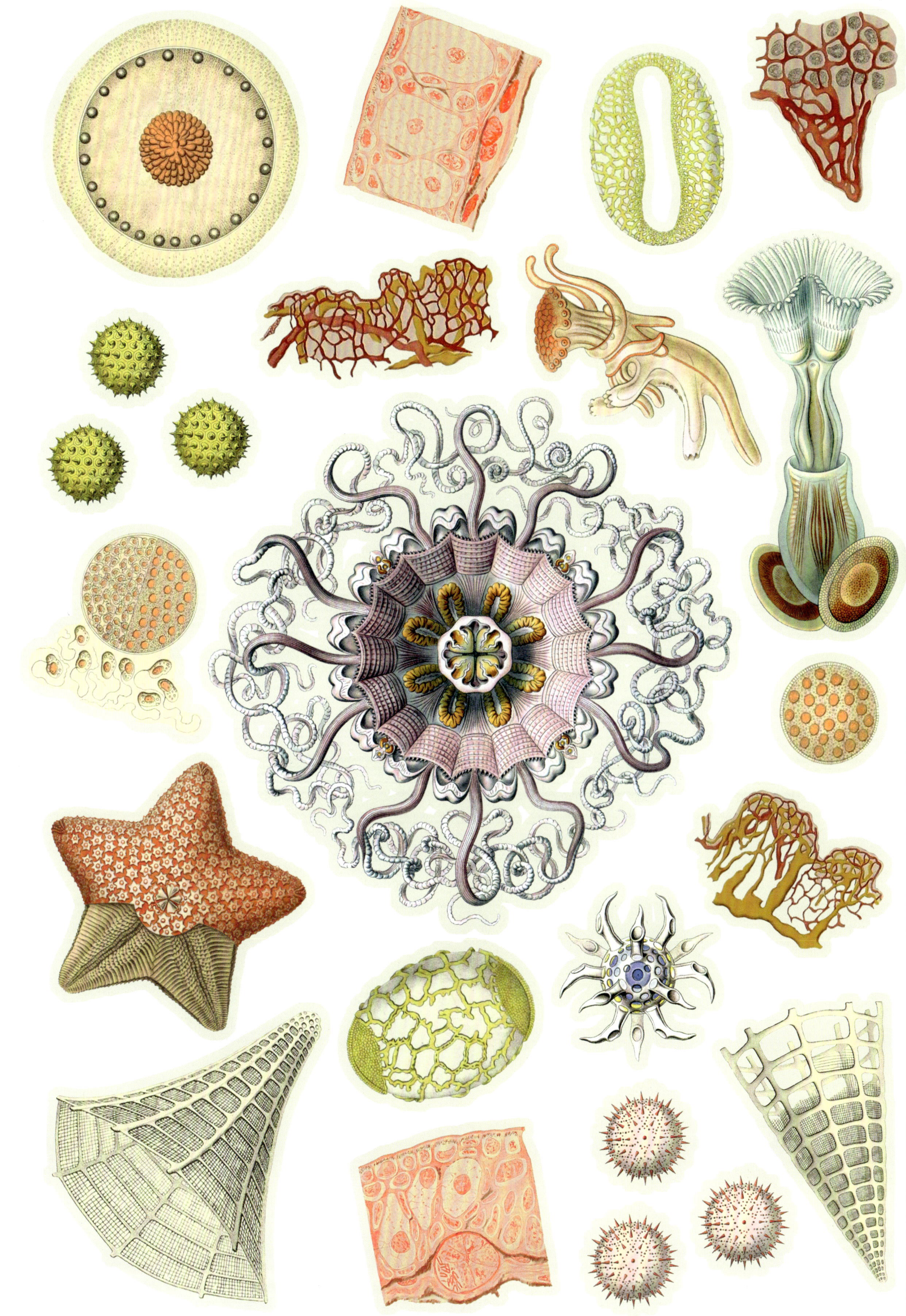

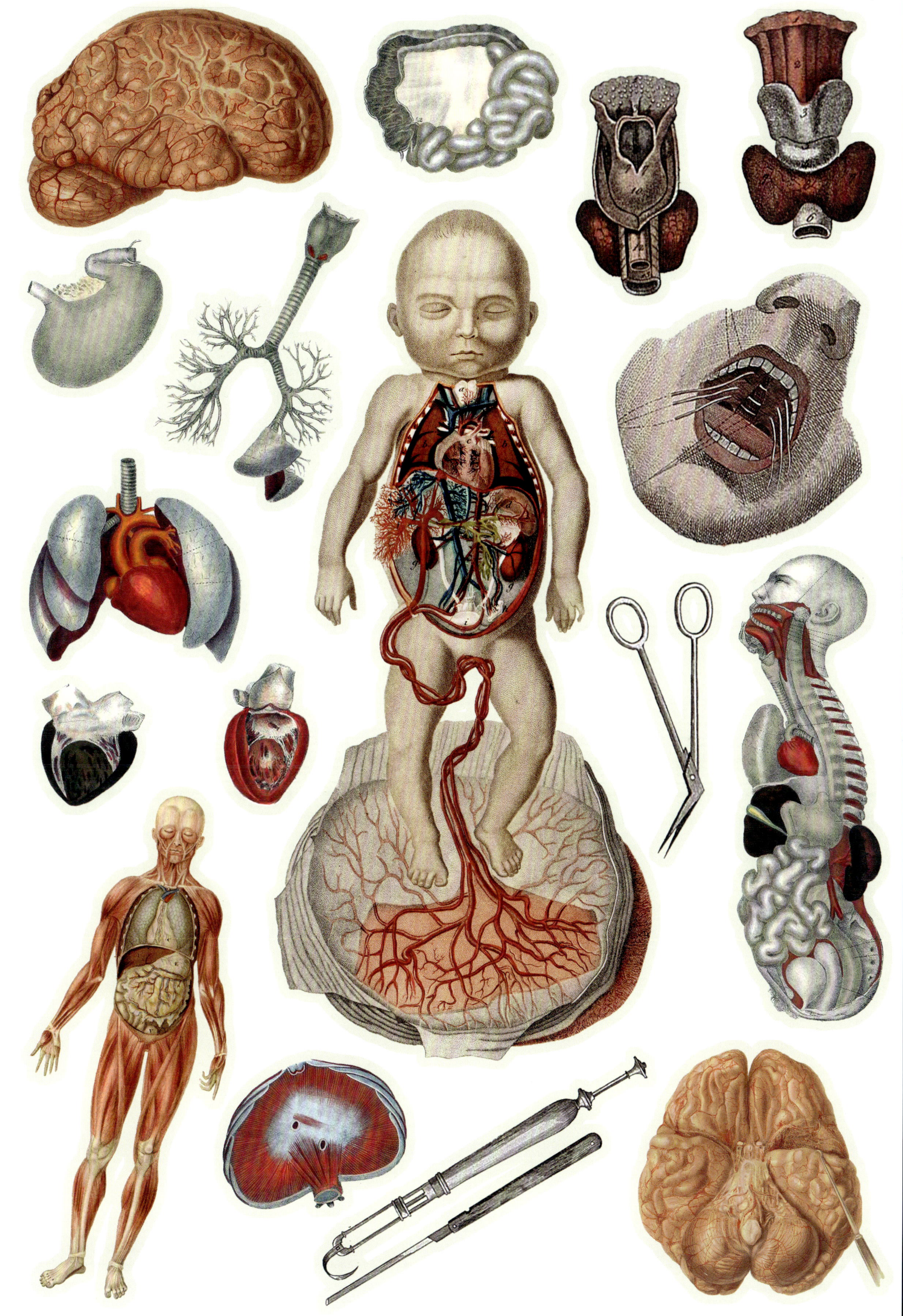

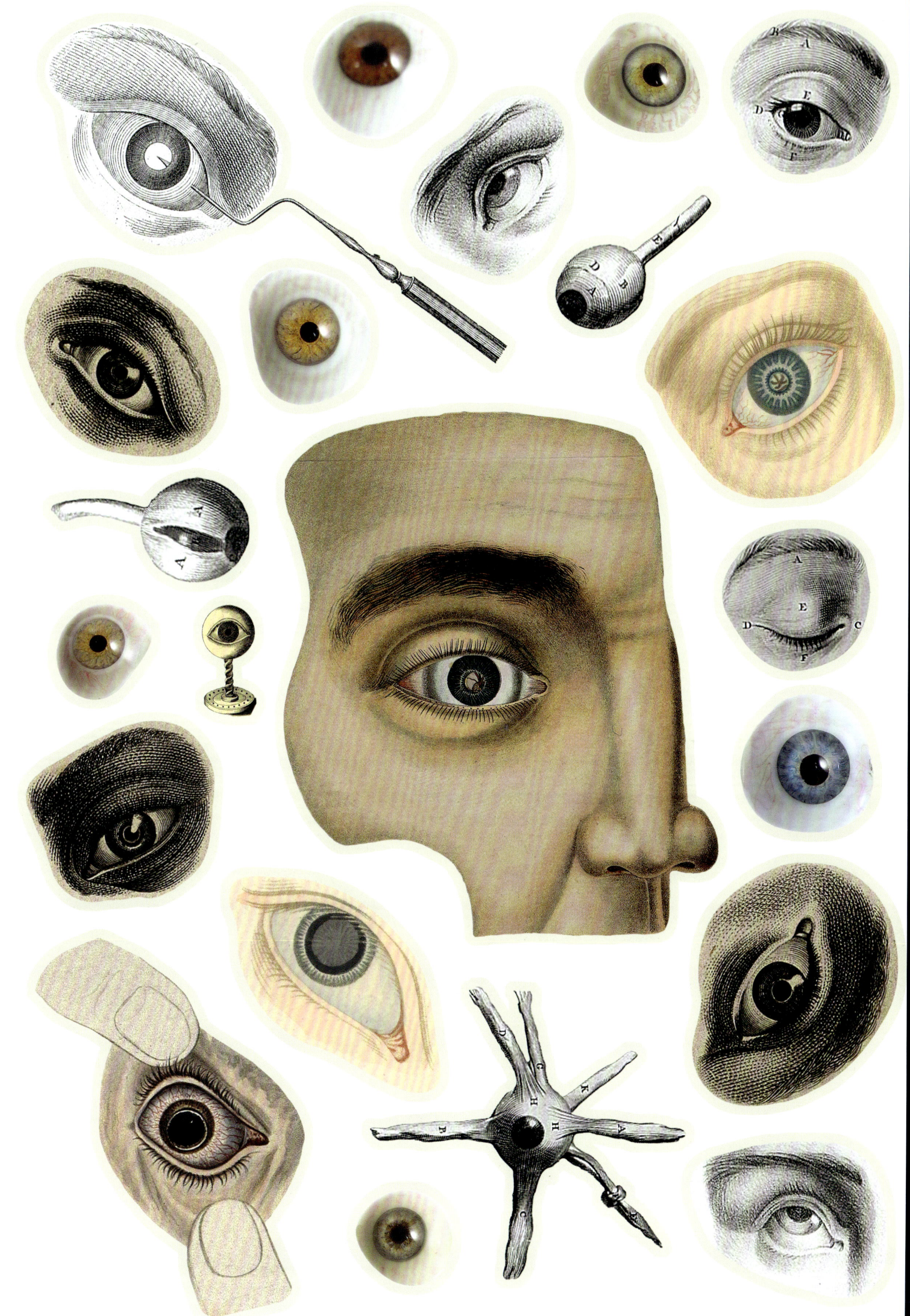

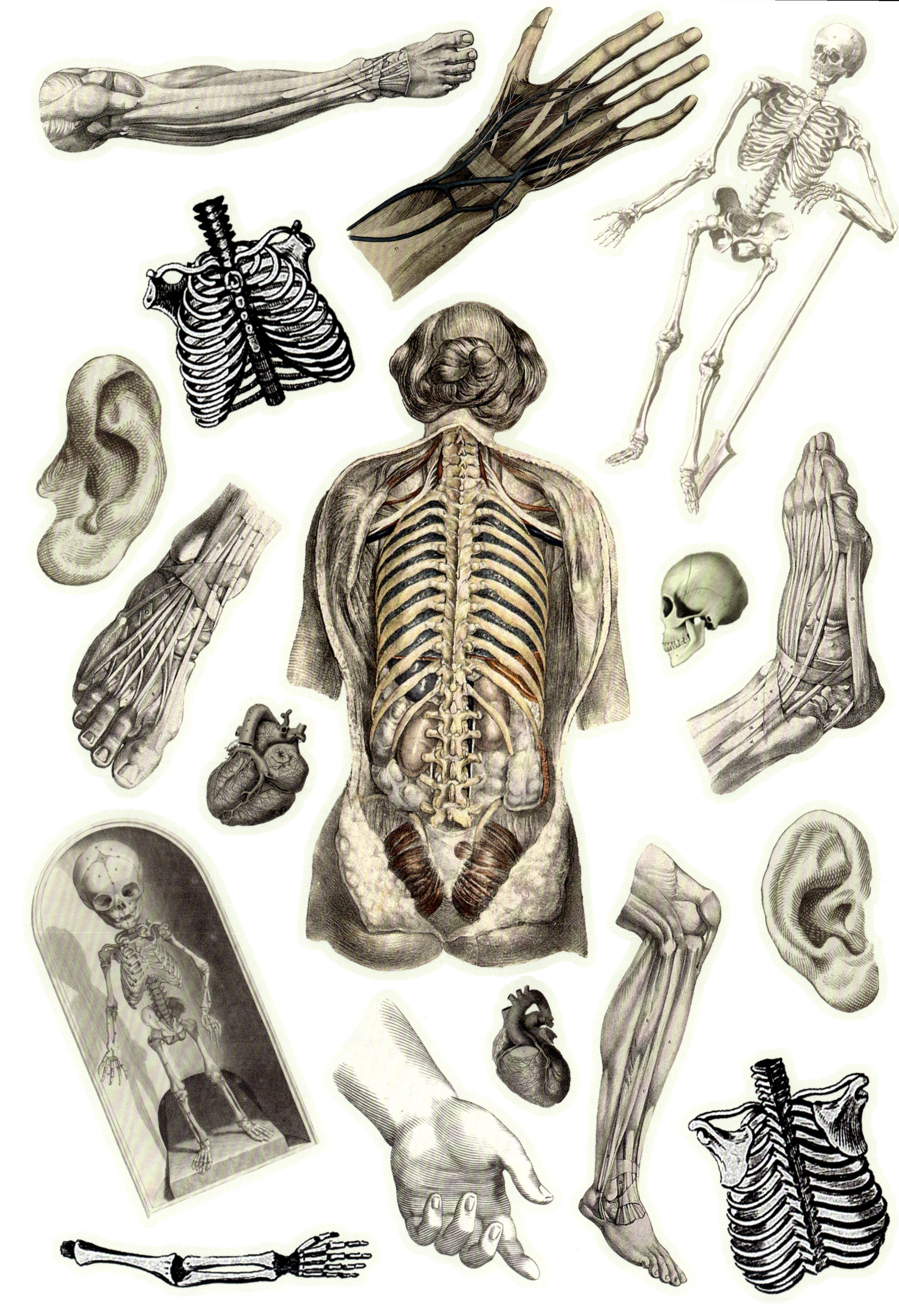

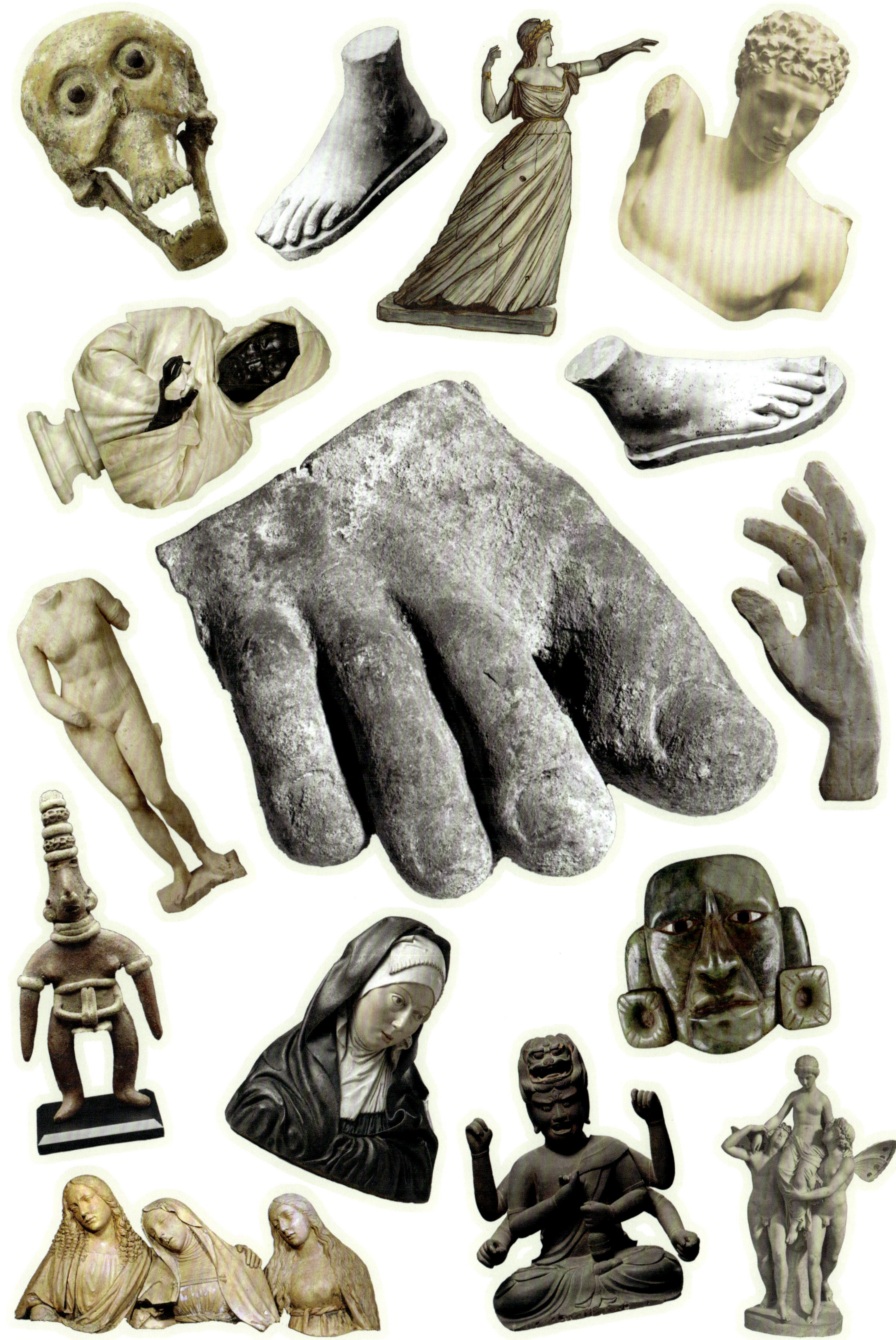

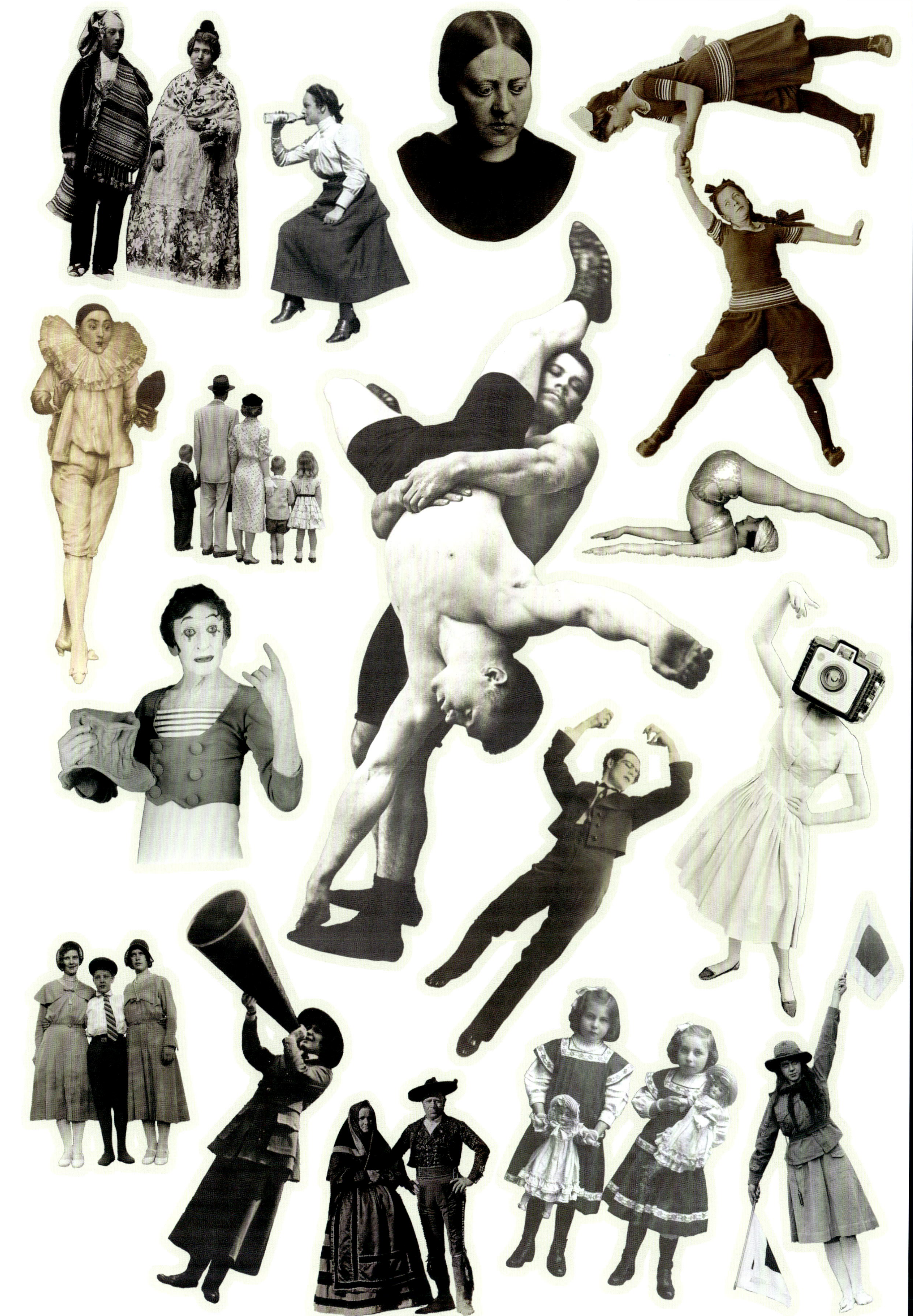

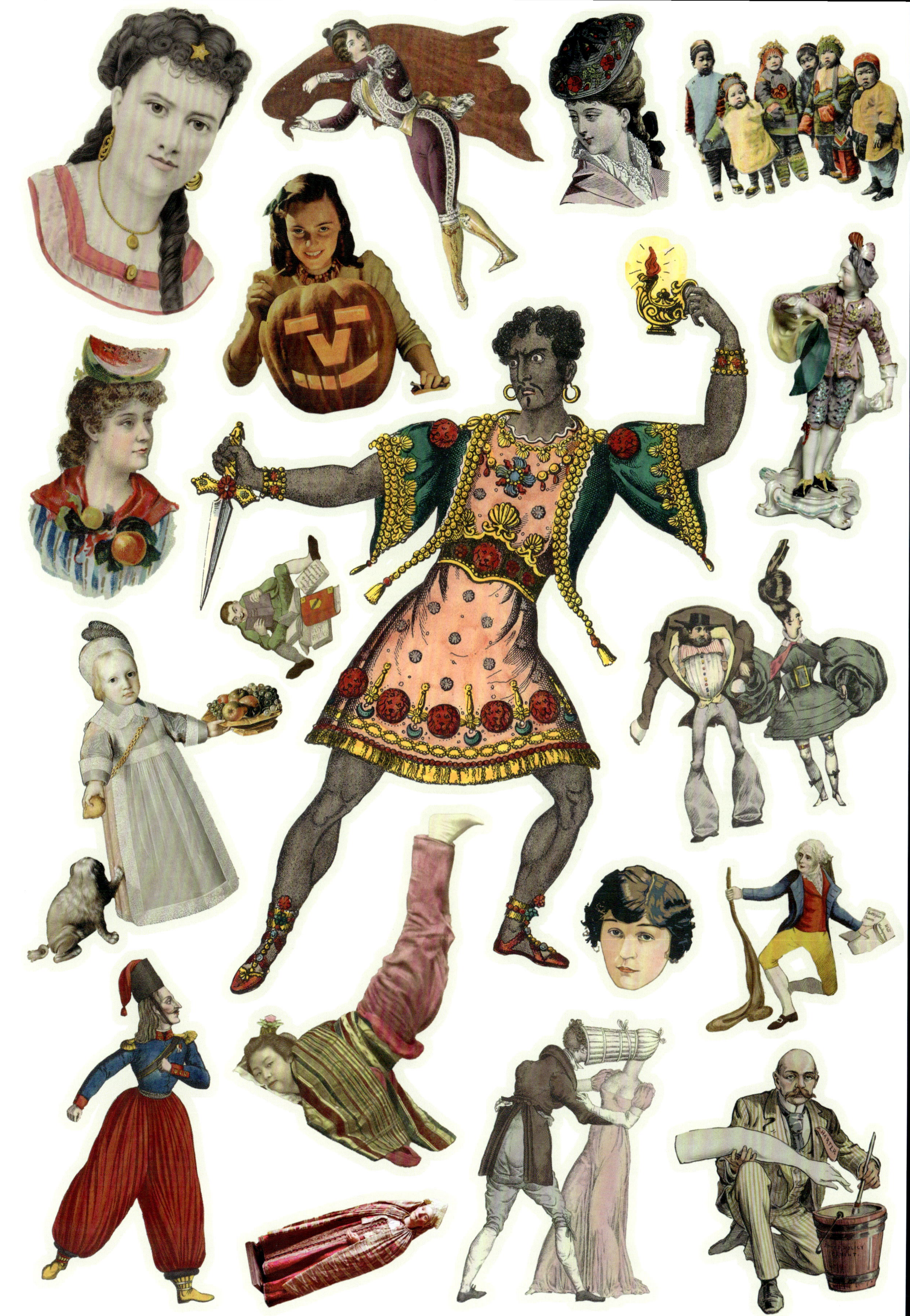

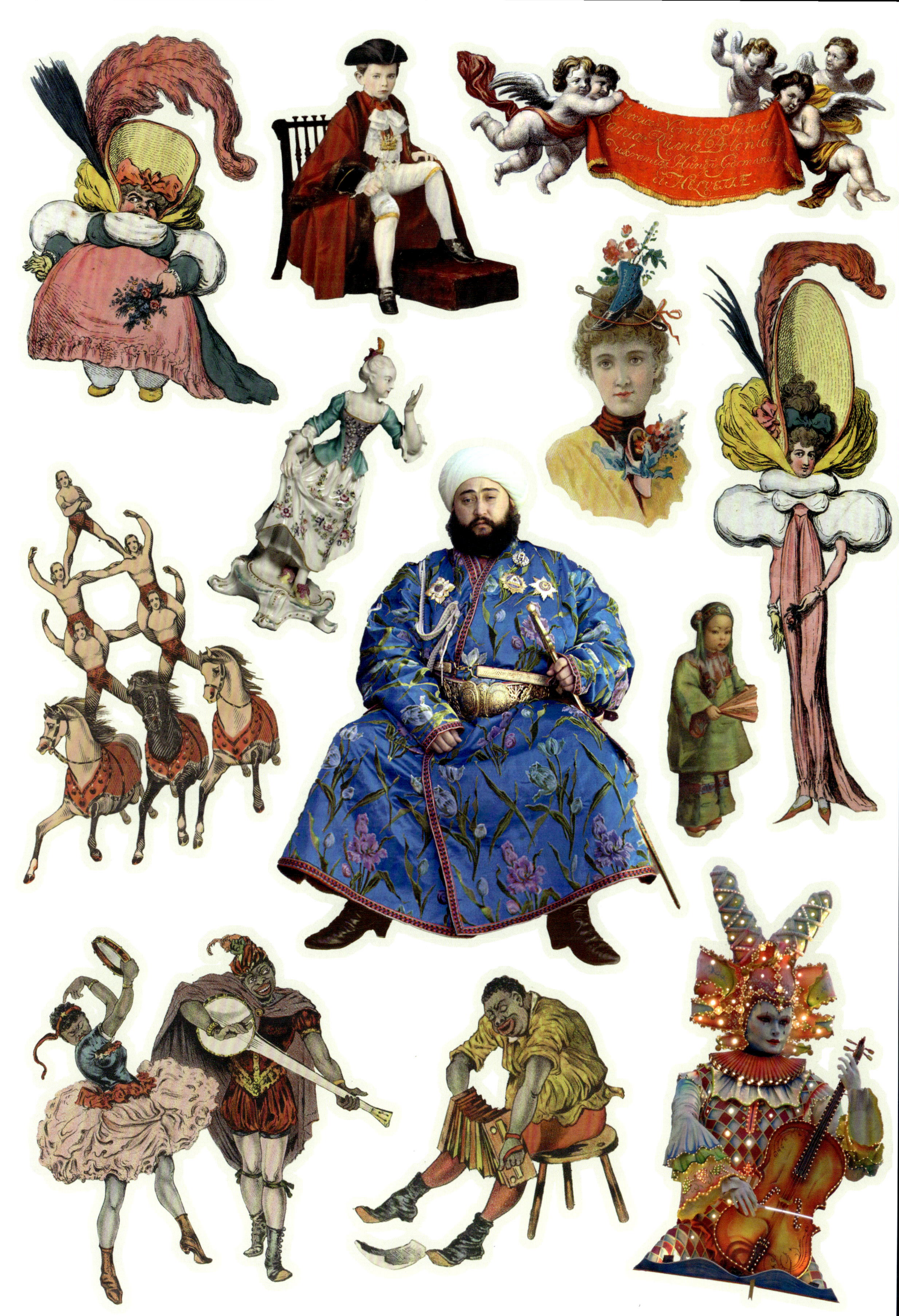

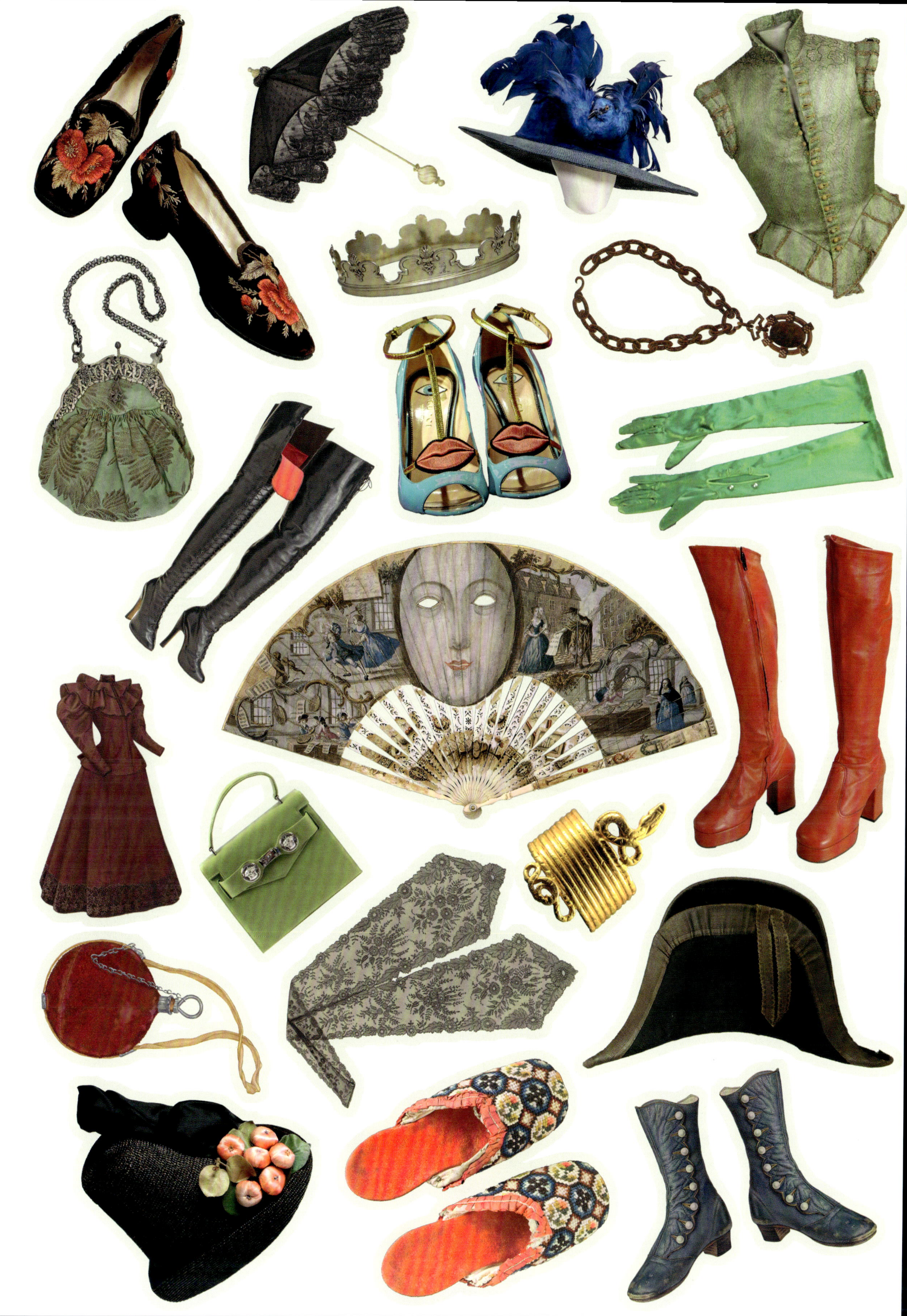

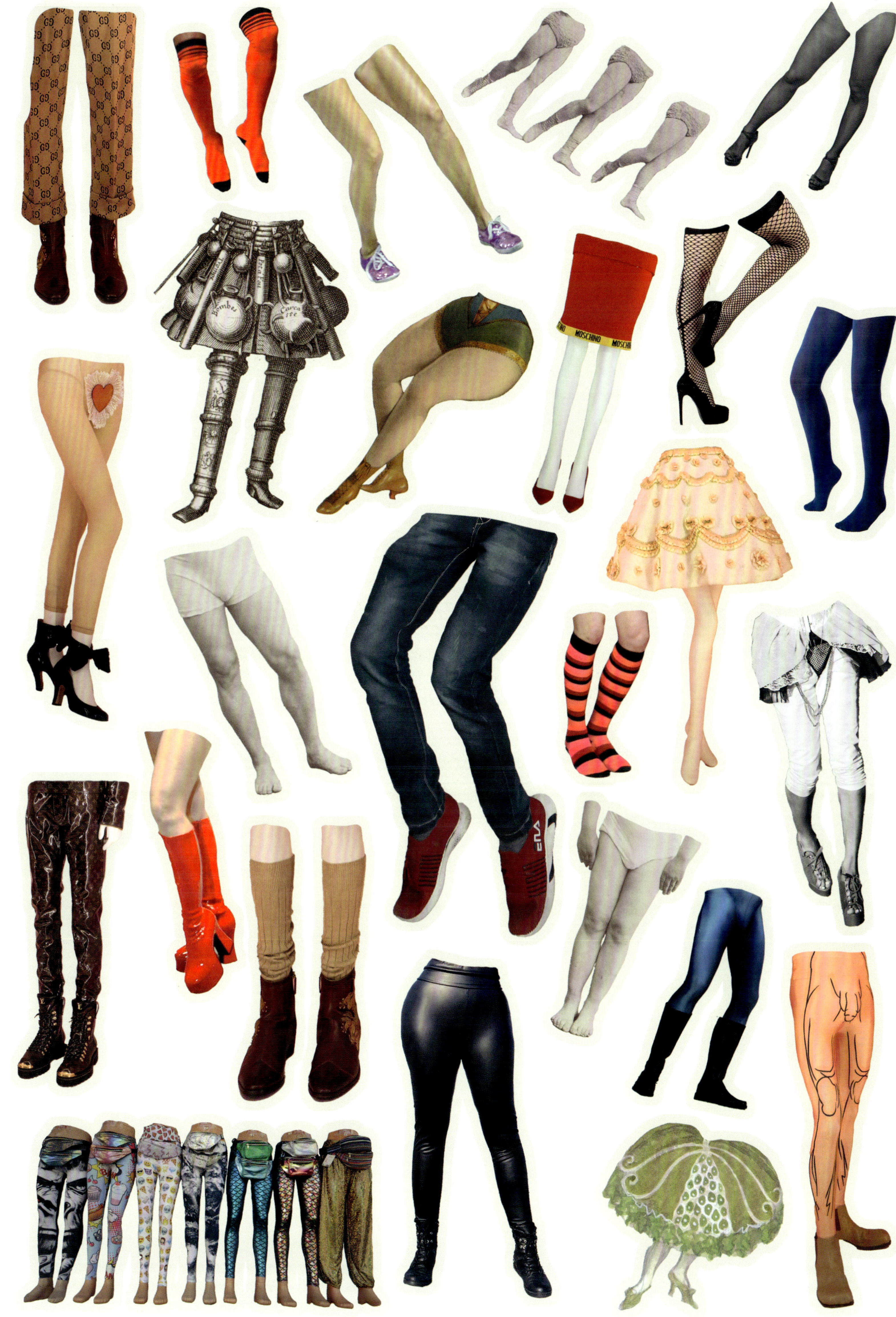
MOSCHINO
MOSCHINO

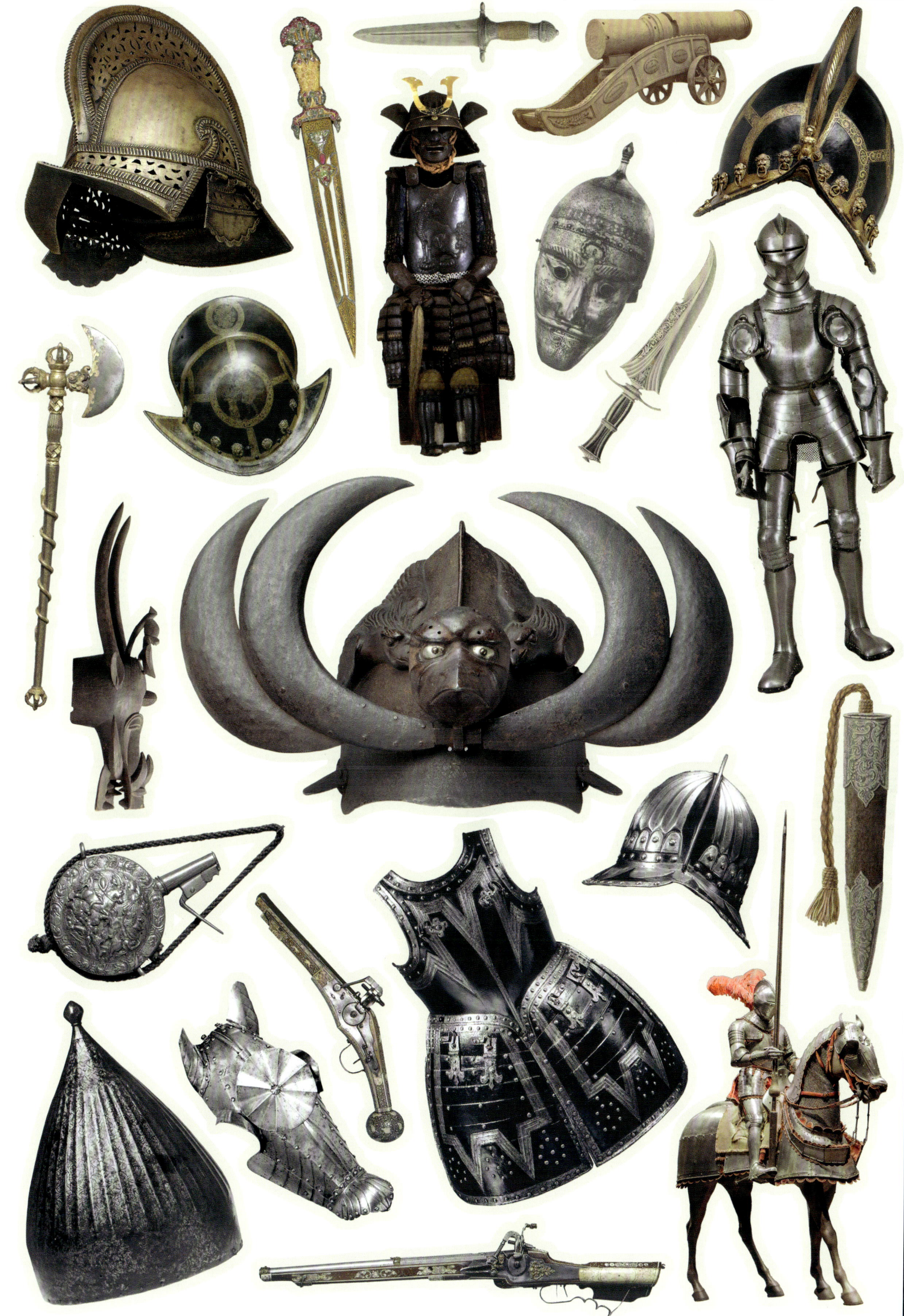

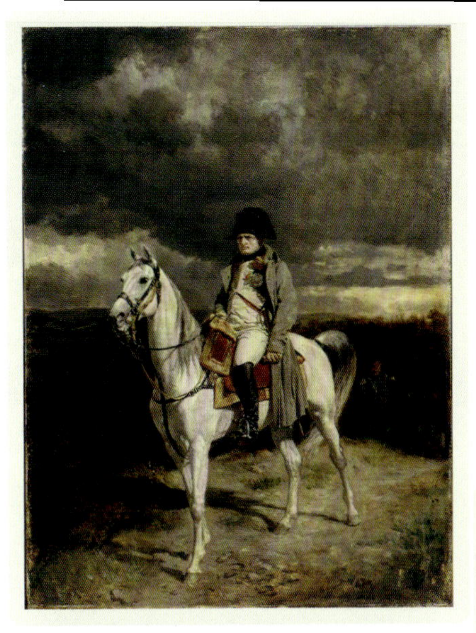
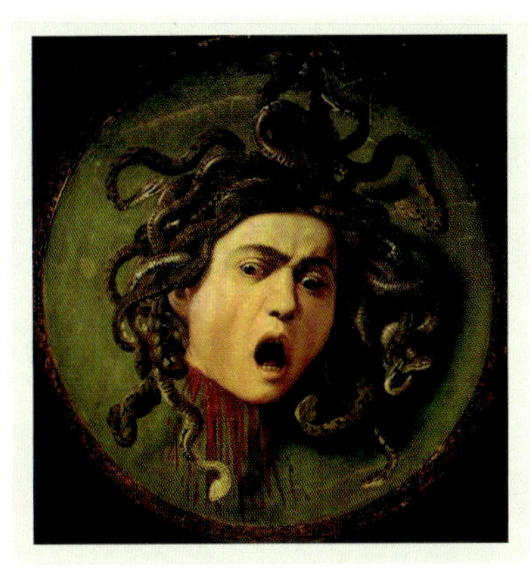
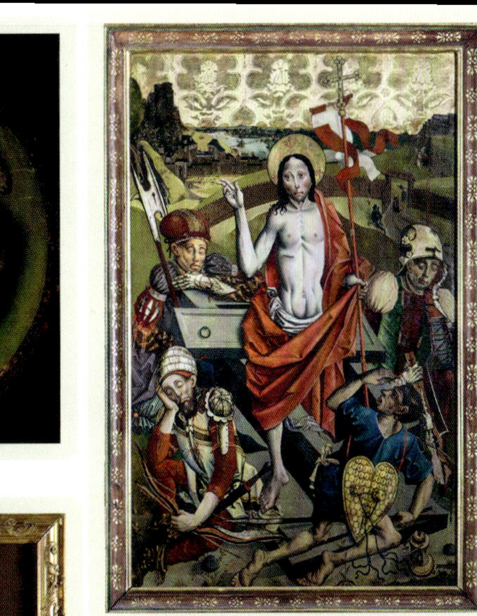
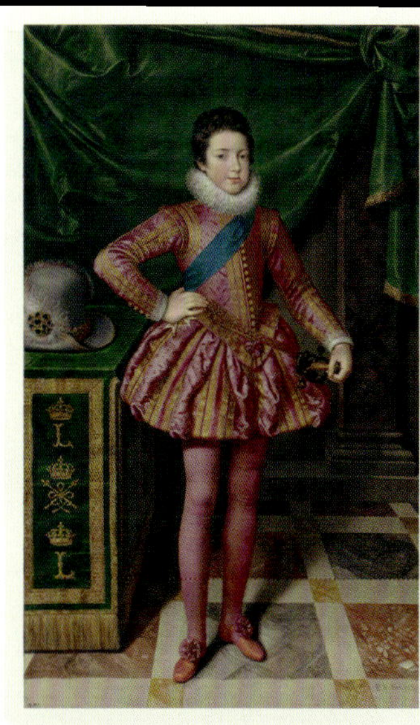
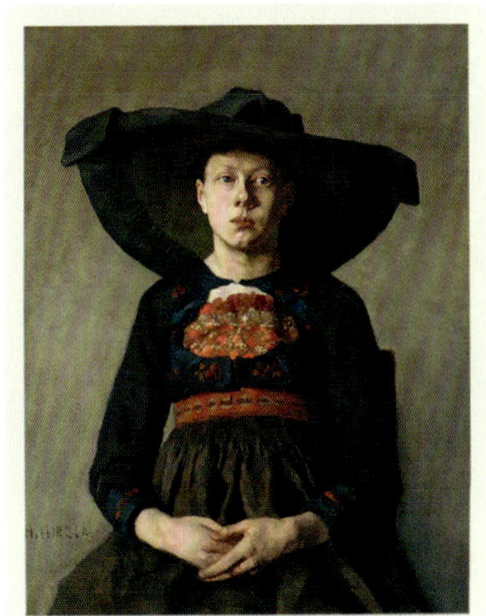
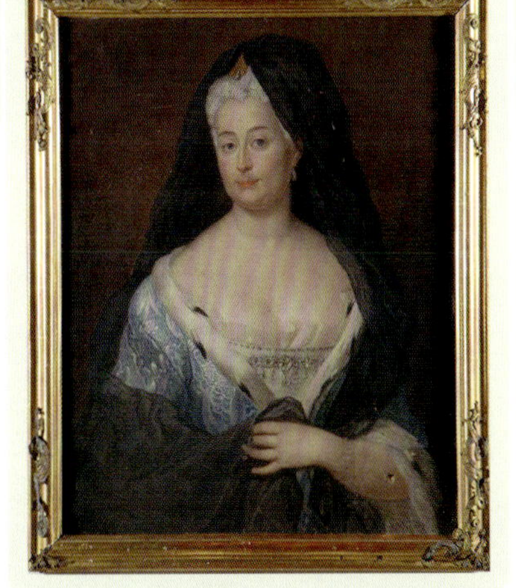
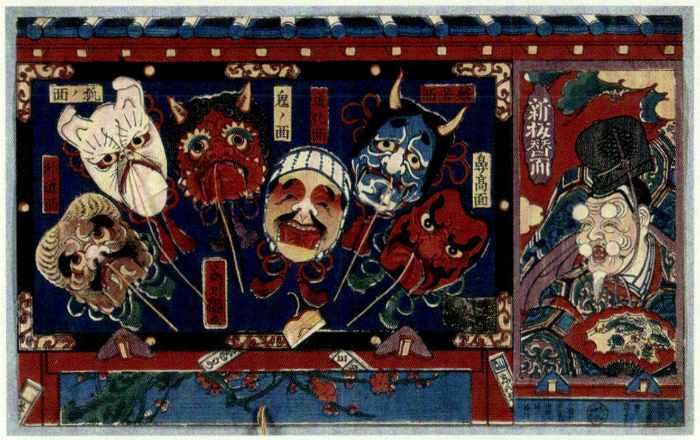
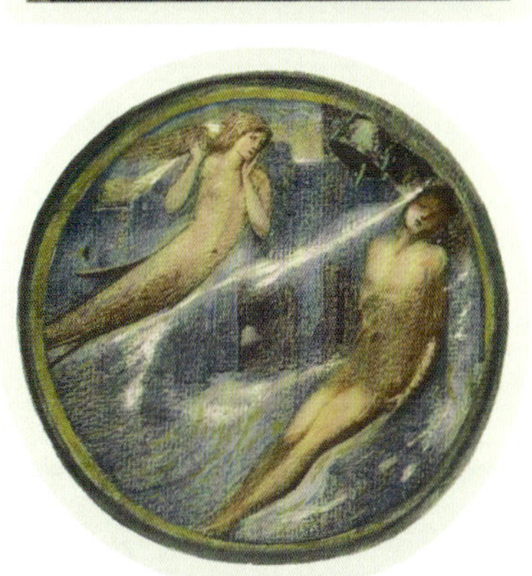
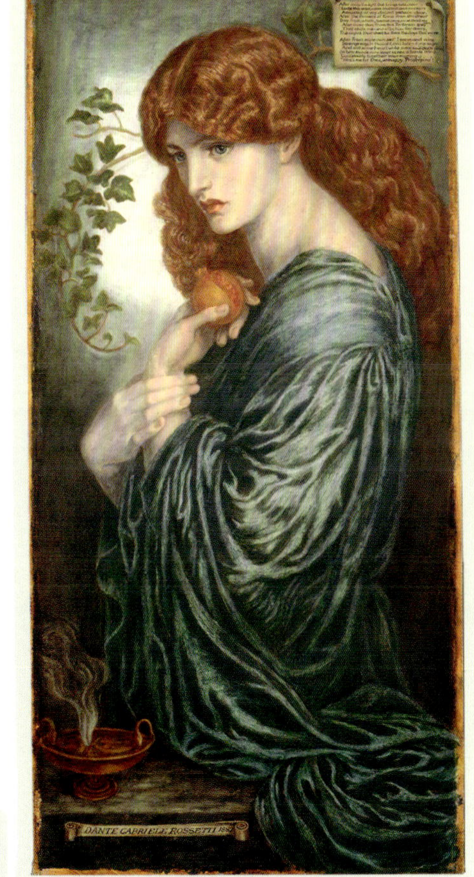
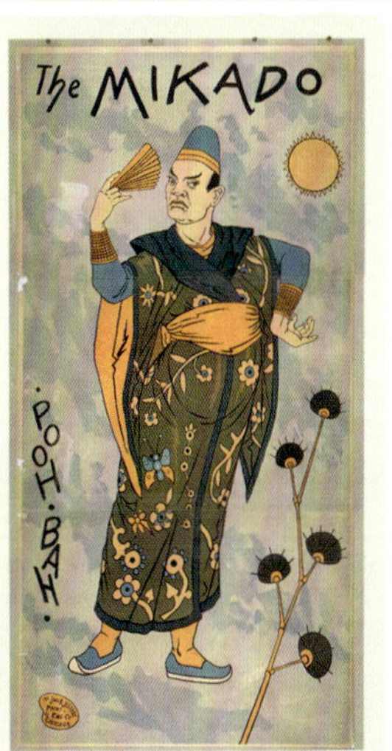
The MIKADO
POOH-BAH
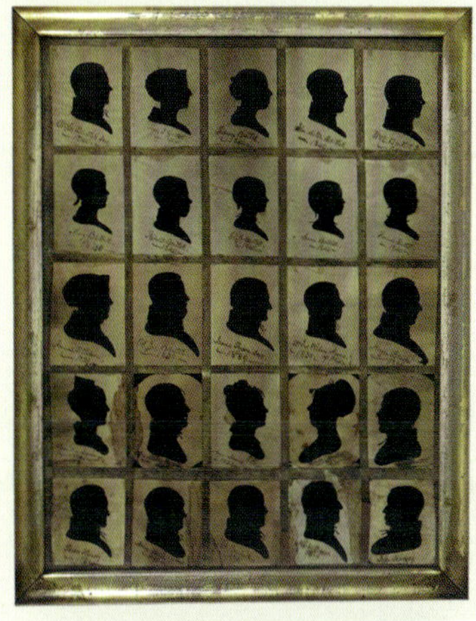
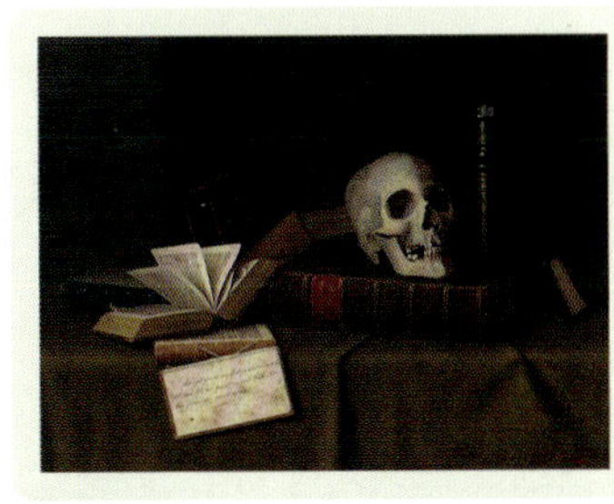
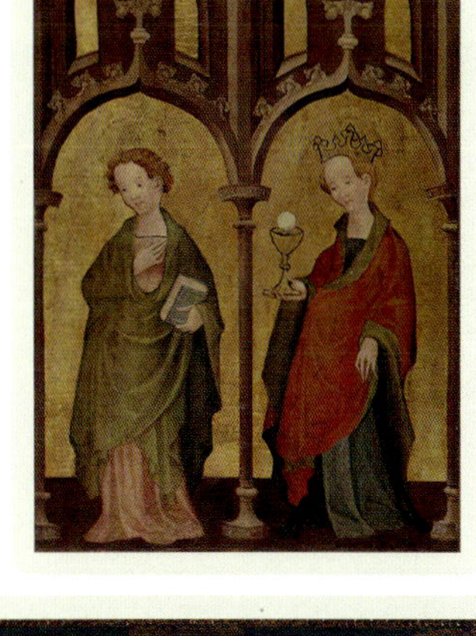
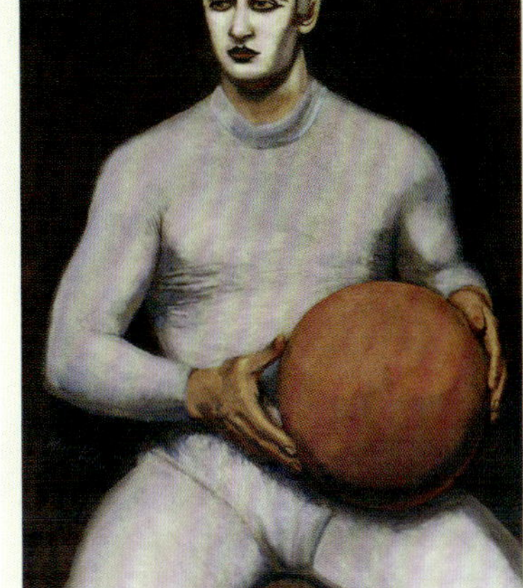
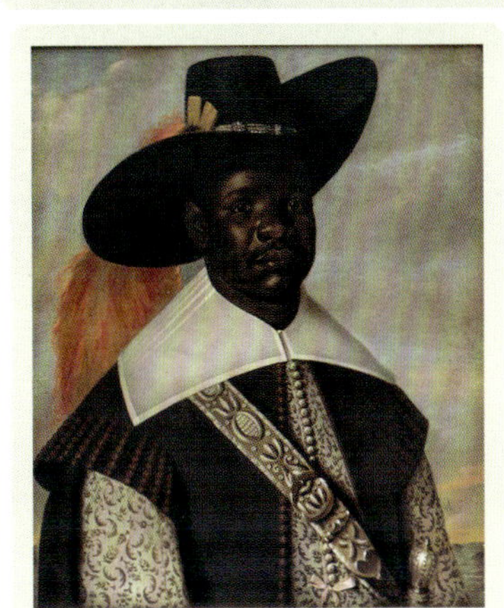
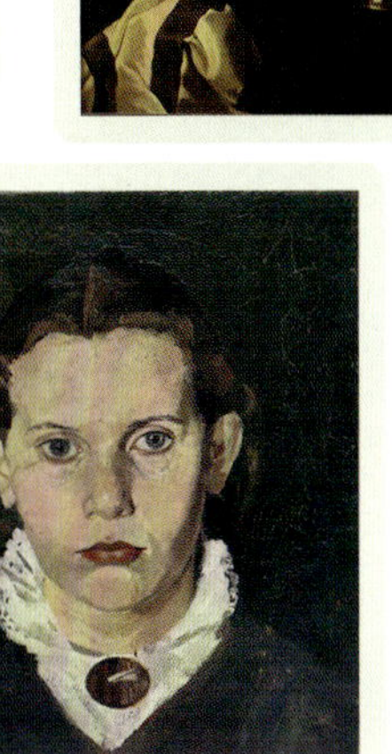
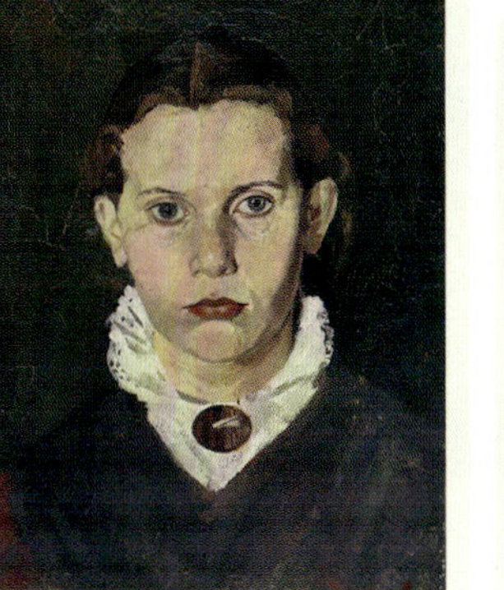
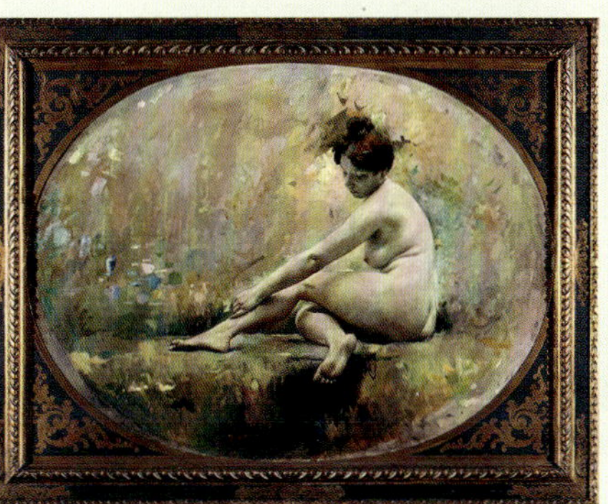

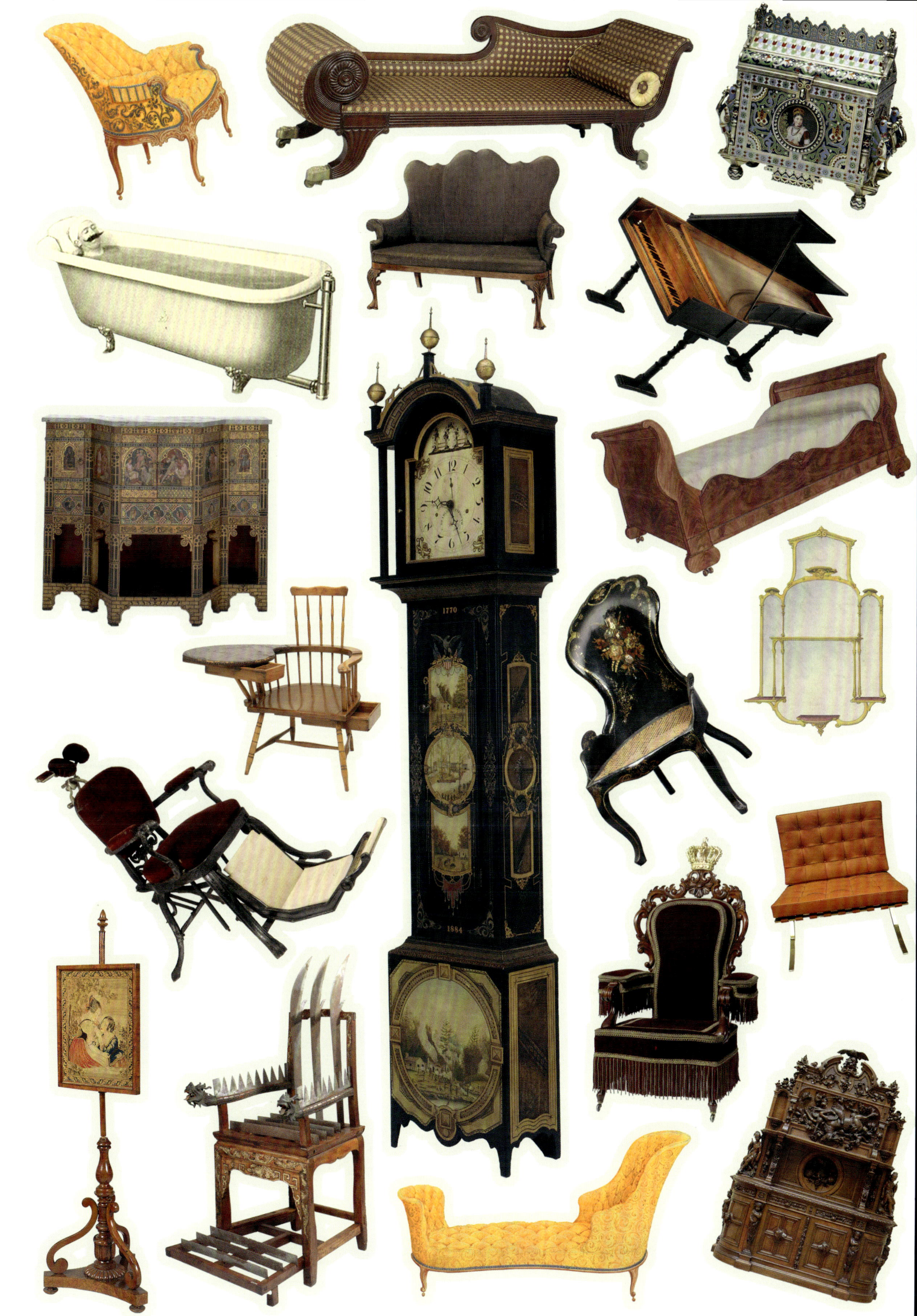
1770
1884

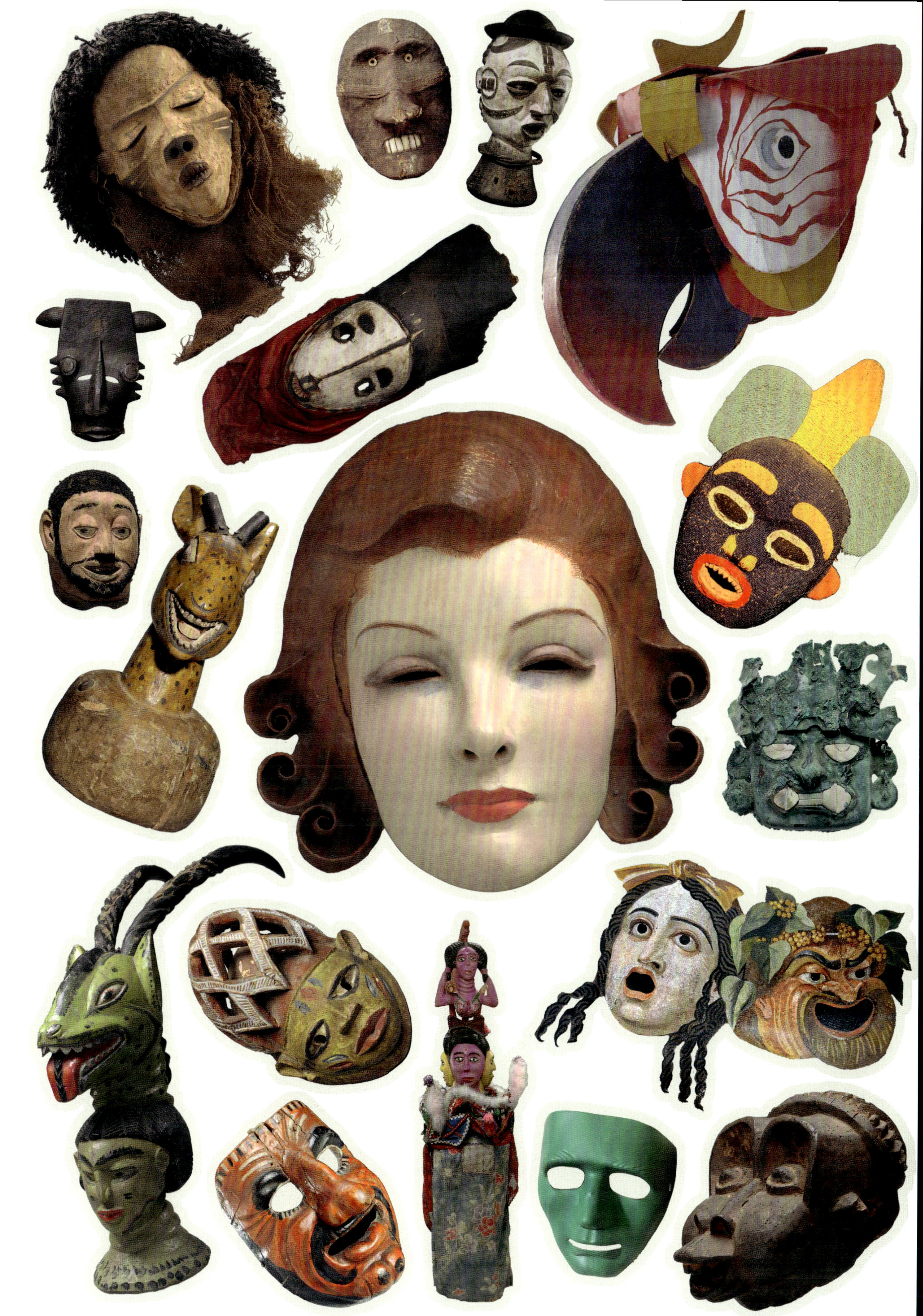

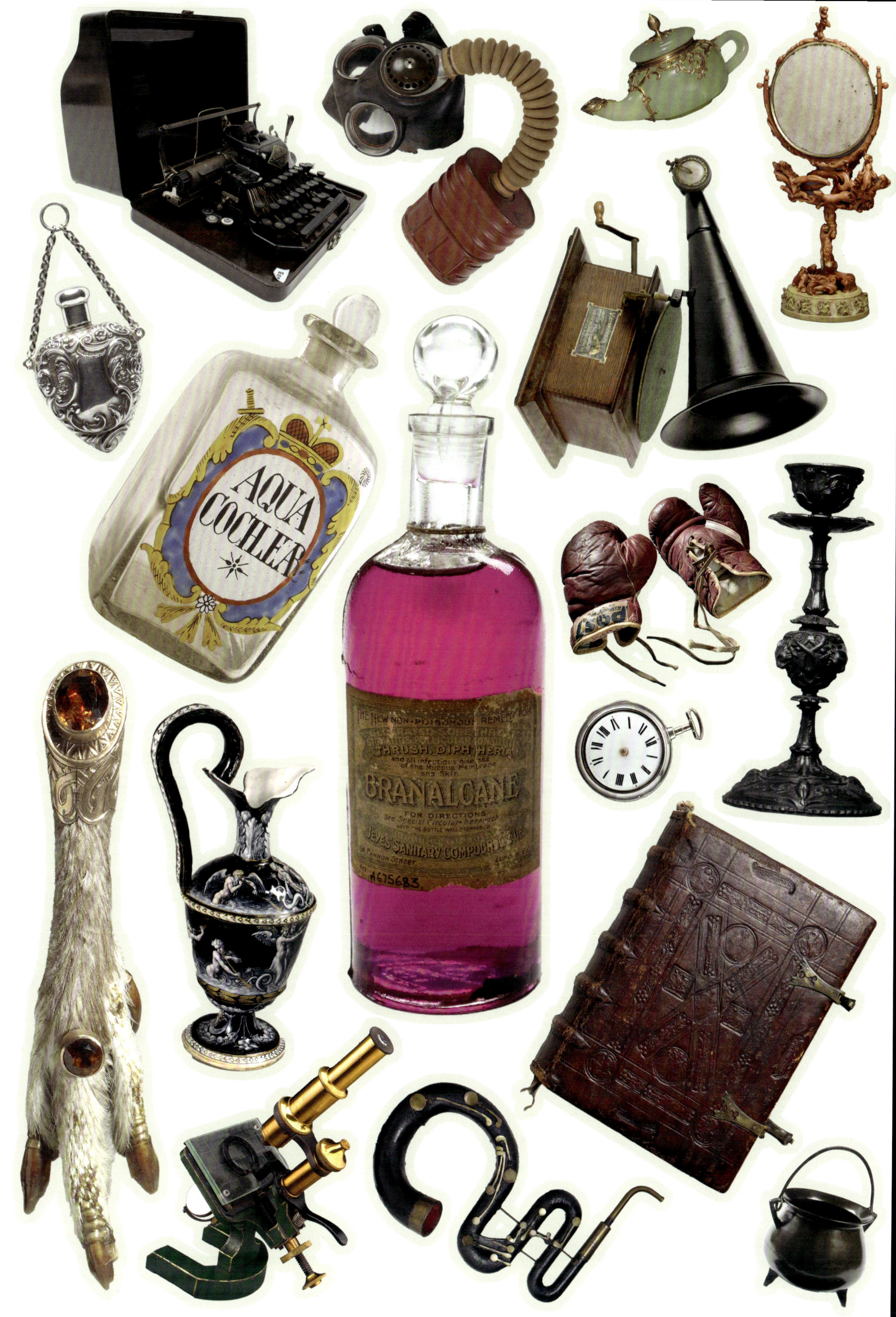
AQUA
COCHLEAR
THE NEW NON-POISONOUS REMEDY FOR
THRUSH, DIPHTHERIA
and all infectious diseases
of the Mucous Membrane
and Skin
BRANALCANE
FOR DIRECTIONS
See Special Circular
KEEP THE BOTTLE WELL STOPPERED
JEYES' SANITARY COMPOUNDS
CANNON STREET
A675683.

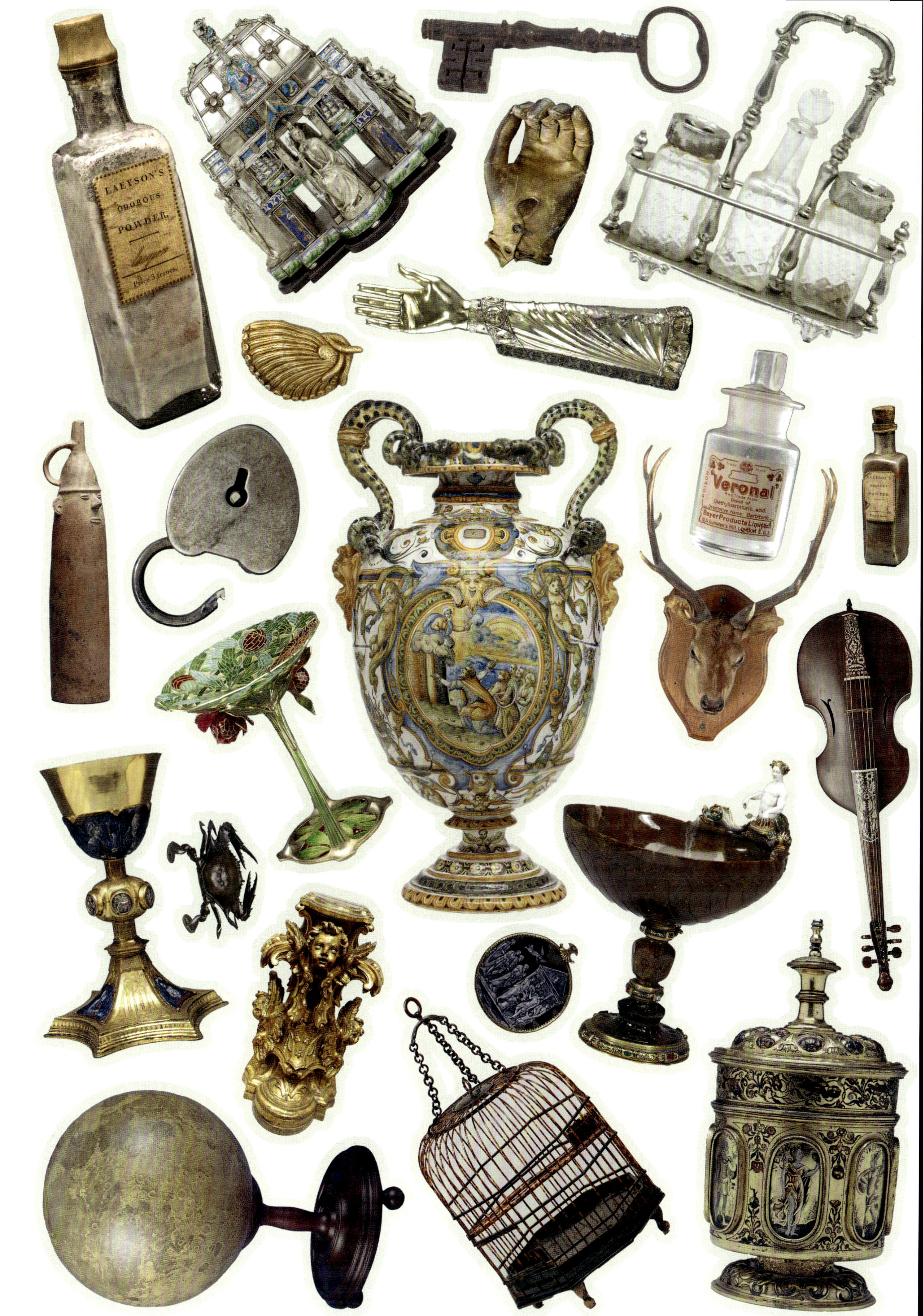
LAEYSON'S
ODOROUS
POWDER.
Price 3 francs.
POISON
Trade Mark
"Veronal"
Reg. Trade Mark
Brand of
Diethylbarbituric acid
Descriptive Name Barbitone
Bayer Products Limited
St Dunstan's Hill, LONDON E.C.3

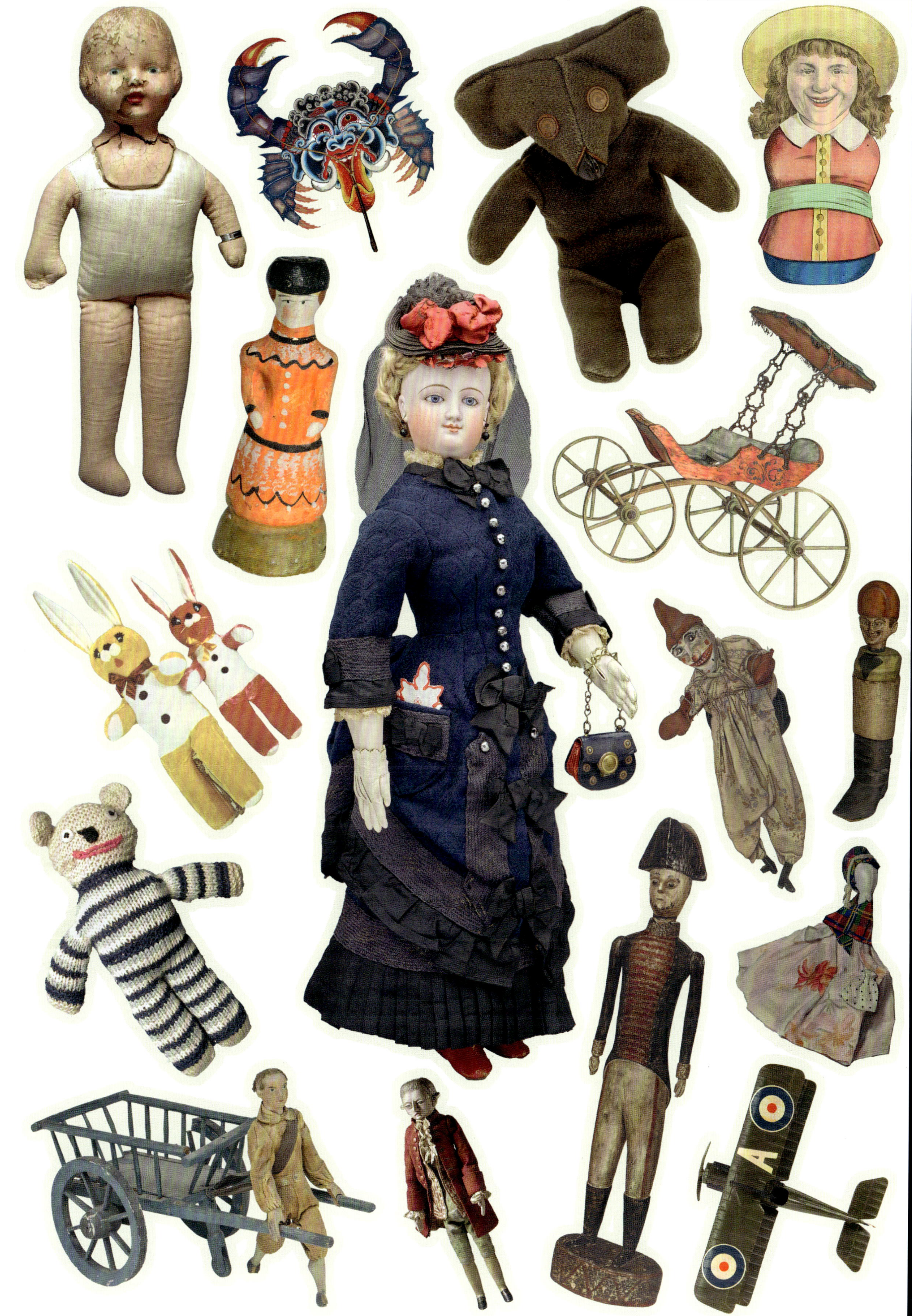

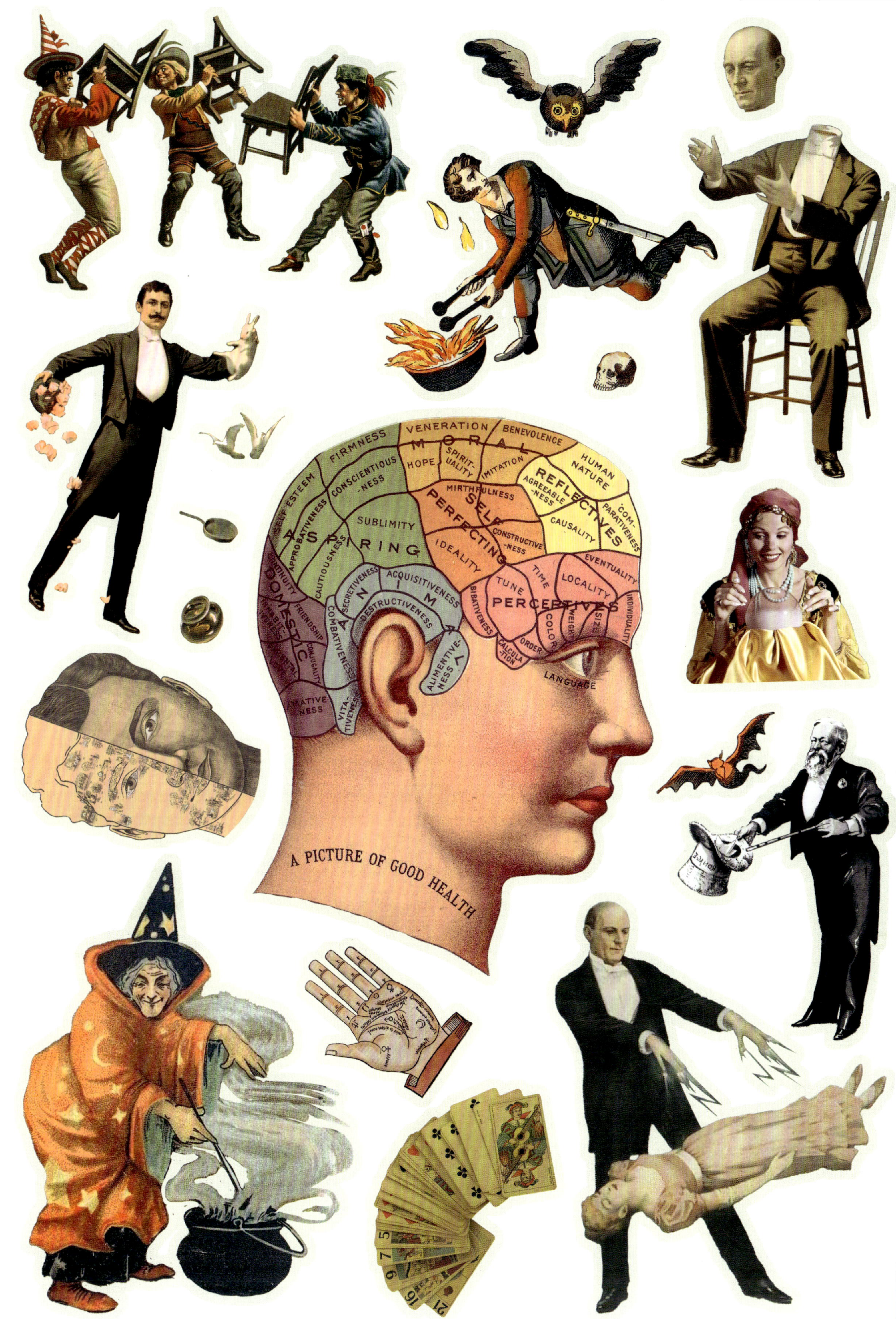

VENERATION
BENEVOLENCE
MORAL
FIRMNESS
HOPE
SPIRIT-UALITY
IMITATION
HUMAN NATURE
CONSCIENTIOUS-NESS
REFLECTIVES
AGREEABLE-NESS
COM-PARATIVENESS
SELF ESTEEM
MIRTHFULNESS
SELF PERFECTING
CAUSALITY
SUBLIMITY
ASPIRING
APPROBATIVENESS
CAUTIOUSNESS
CONSTRUCTIVE-NESS
IDEALITY
EVENTUALITY
TIME
TUNE
LOCALITY
CONTINUITY
DOMESTIC
SECRETIVENESS
ACQUISITIVENESS
ANIMAL
DESTRUCTIVENESS
BIBATIVENESS
PERCEPTIVES
INDIVIDUALITY
FRIENDSHIP
COMBATIVENESS
COLOR
WEIGHT
SIZE
ORDER
CALCULA-TION
CONJUGALITY
ALIMENTIVE-NESS
LANGUAGE
AMATIVE-NESS
VITA-TIVENESS
A PICTURE OF GOOD HEALTH

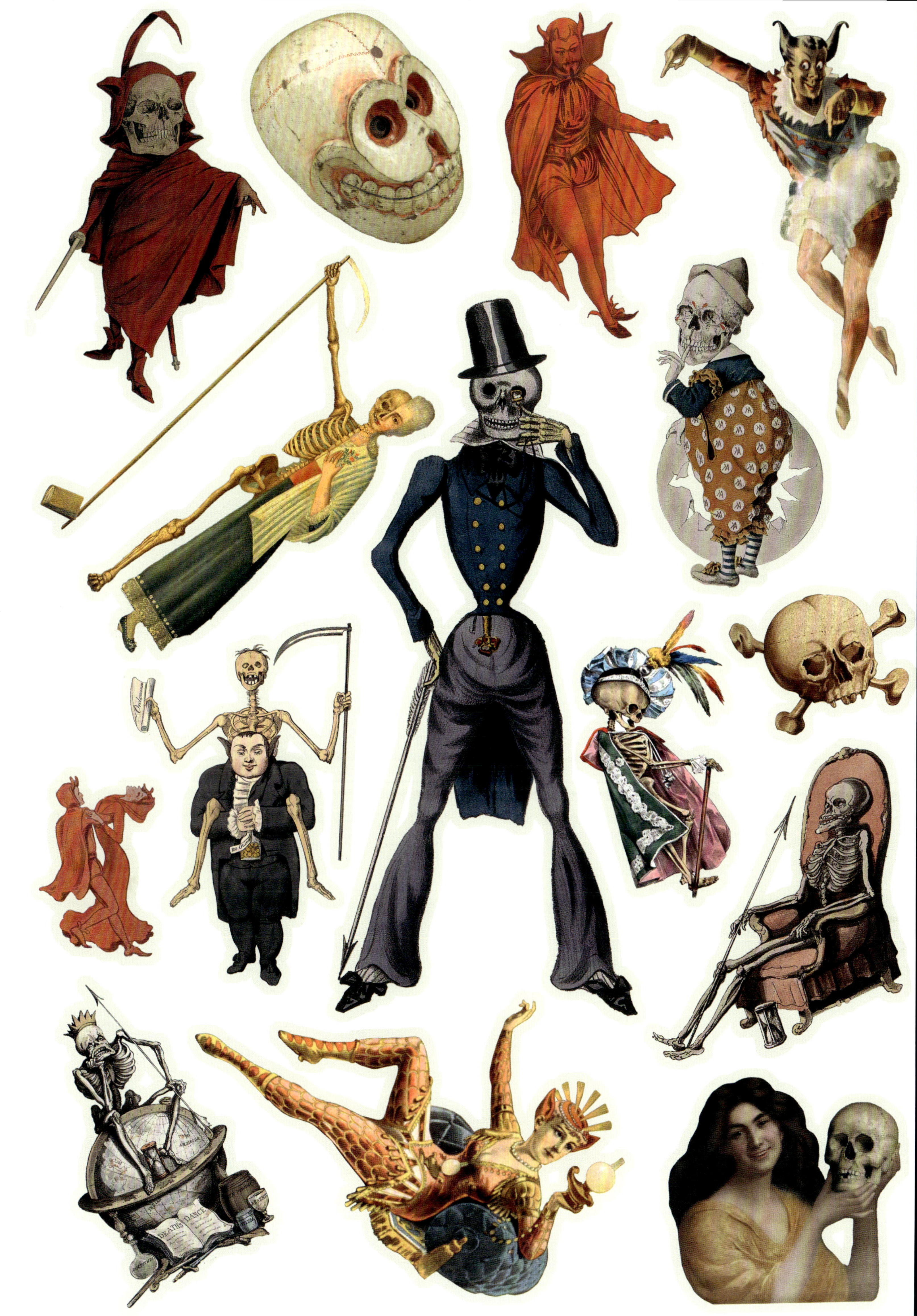
DEATH'S DANCE

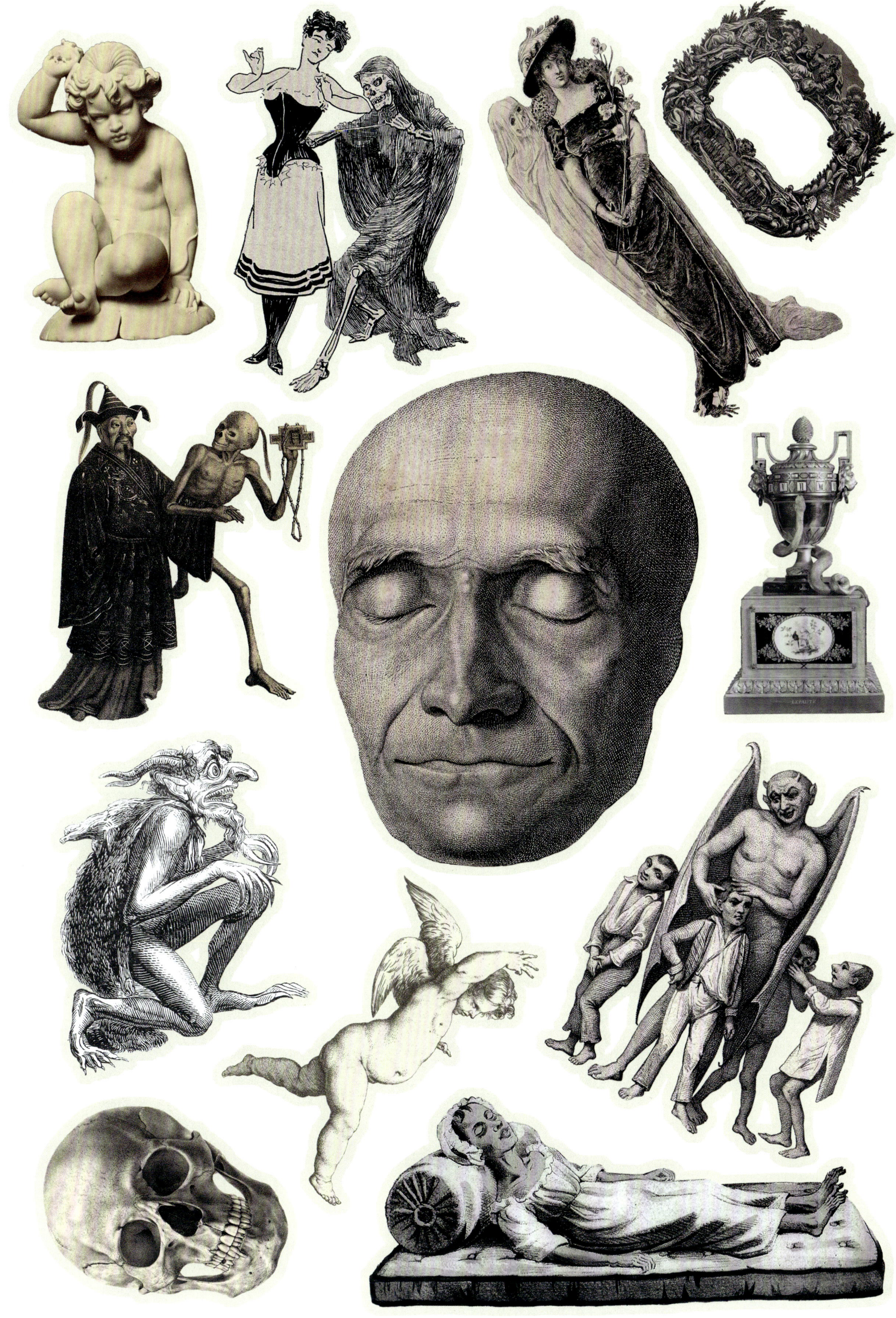

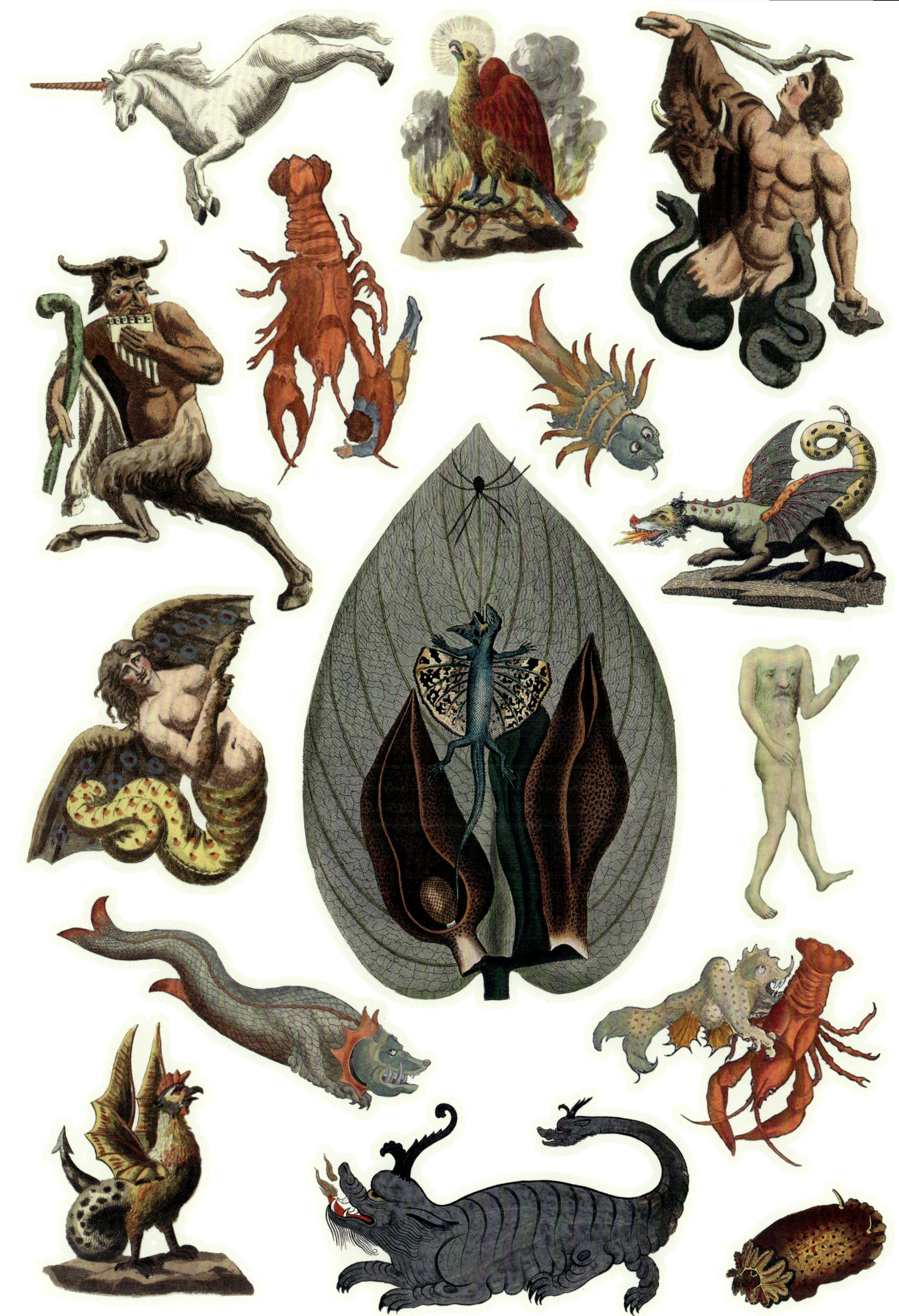

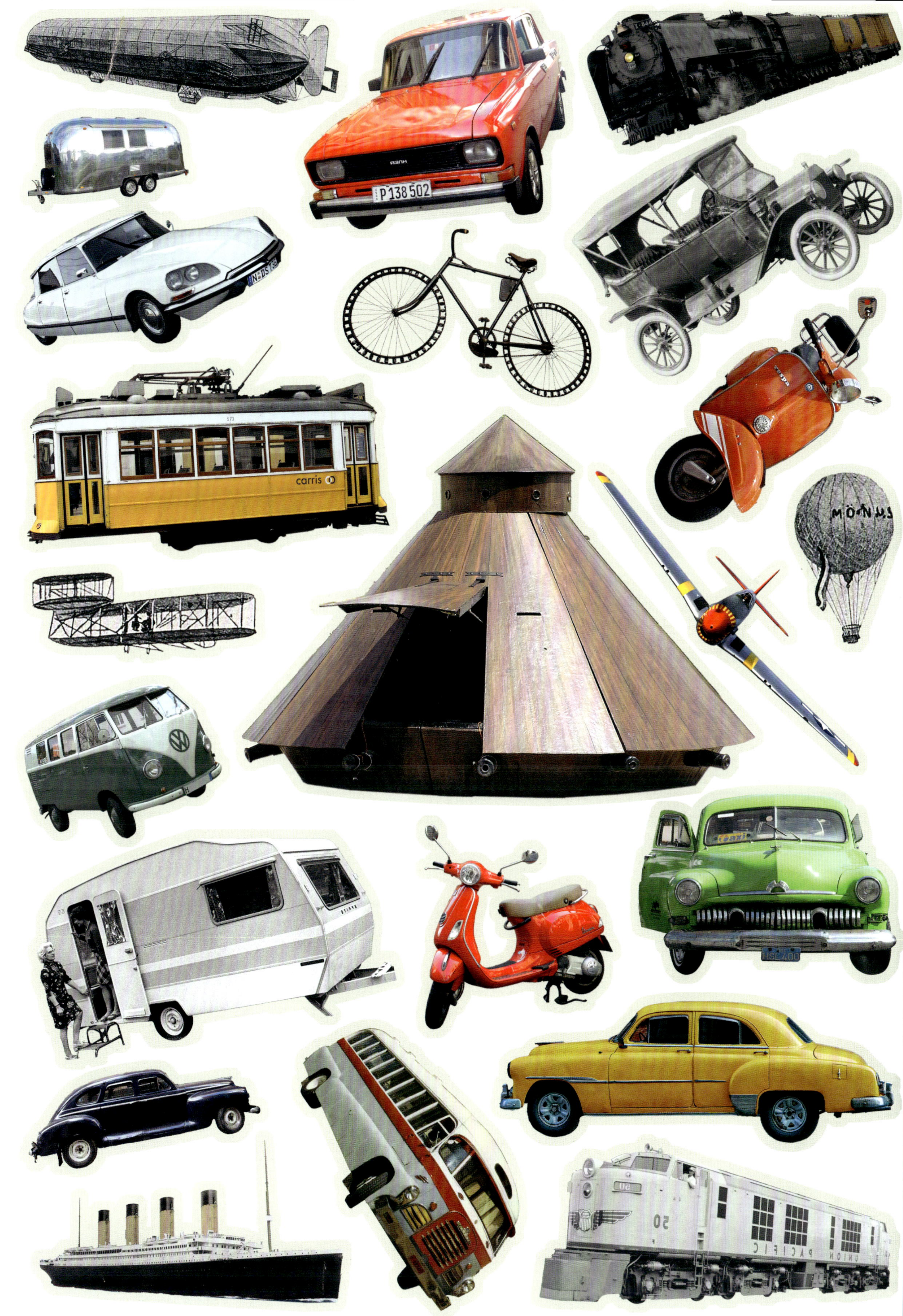
P138 502
carris

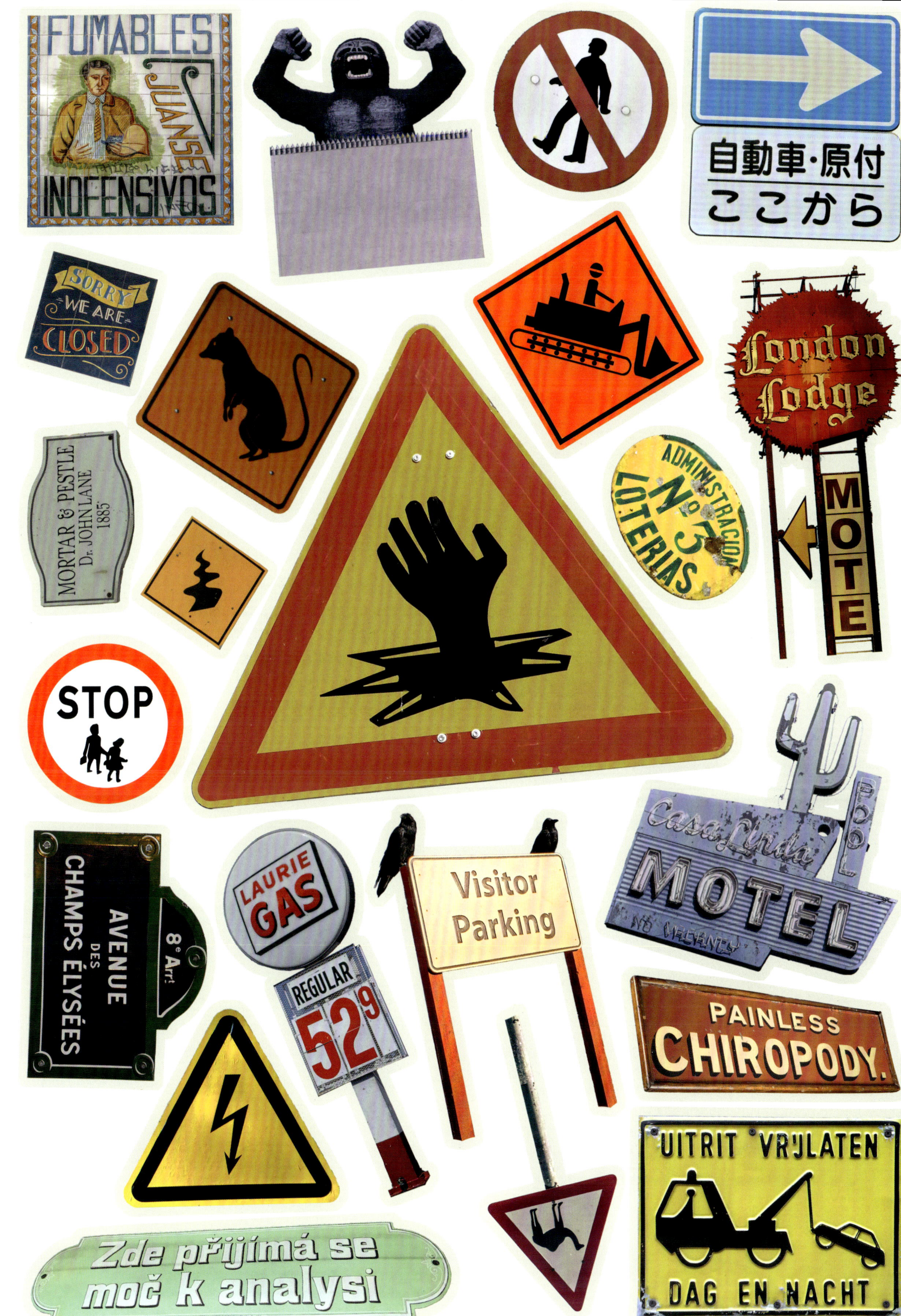
FUMABLES
JUANSE
INOFENSIVOS
自動車・原付
ここから
SORRY
WE ARE
CLOSED
London Lodge
MOTE
MORTAR & PESTLE
Dr. JOHN LANE
1885
ADMINISTRACION
Nº 3
LOTERIAS
STOP
Casa Linda
MOTEL
AVENUE
DES
CHAMPS ÉLYSÉES
8e Arrt
LAURIE
GAS
REGULAR
52 9
Visitor
Parking
PAINLESS
CHIROPODY.
UITRIT VRIJLATEN
DAG EN NACHT
Zde přijímá se
moč k analysi

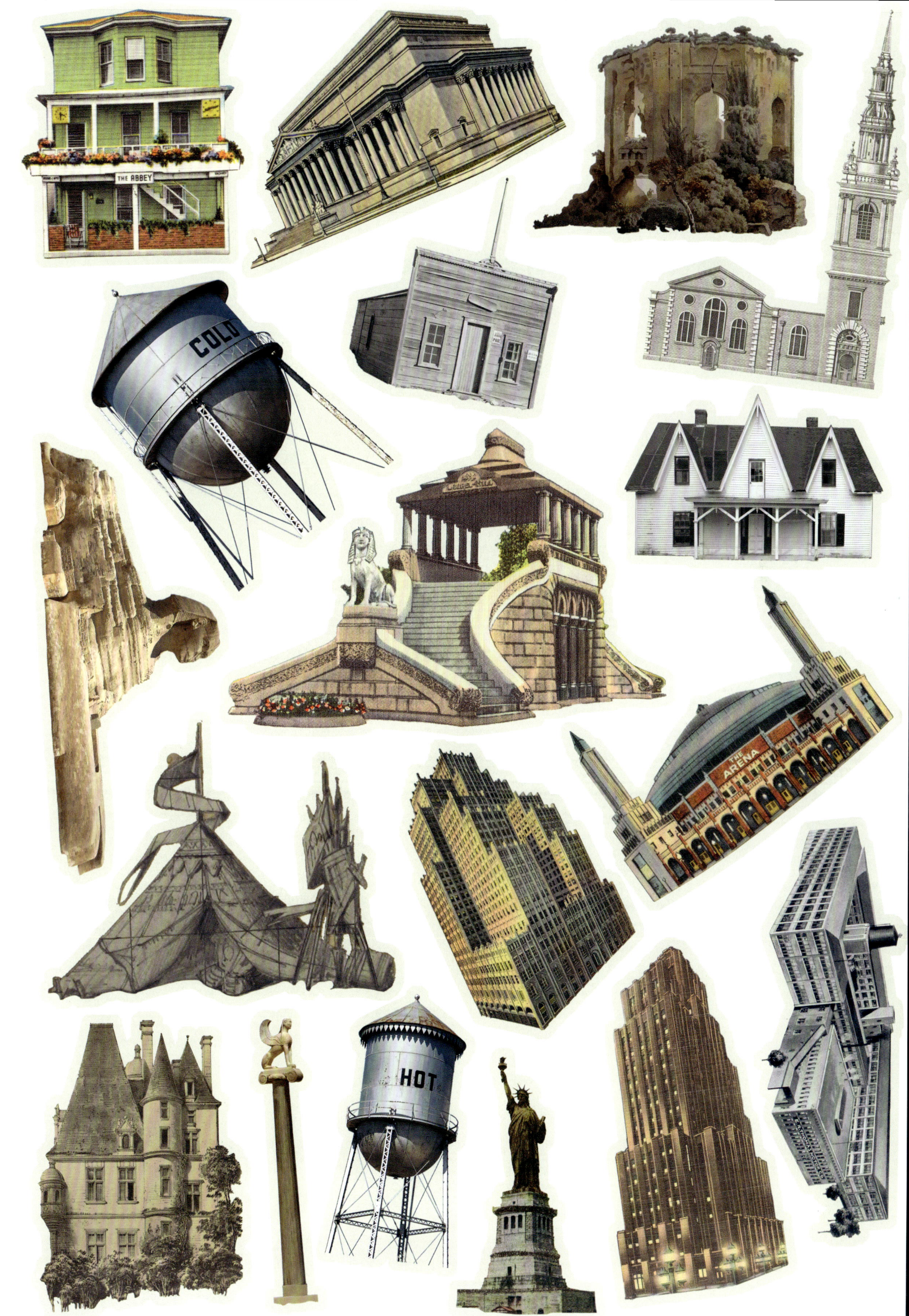
THE ABBEY
COLD
THE ARENA
HOT

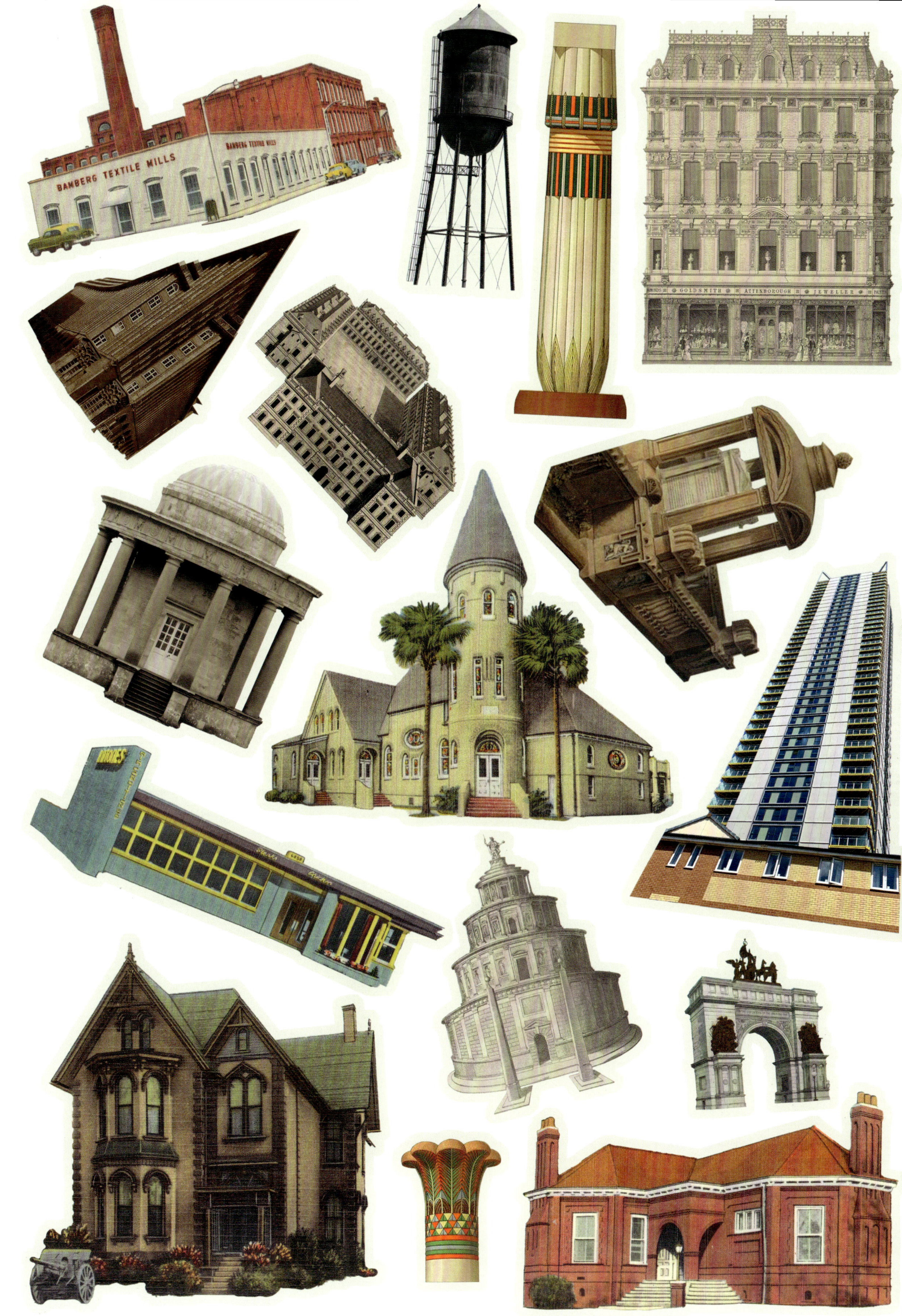
BAMBERG TEXTILE MILLS
BAMBERG TEXTILE MILLS
GOLDSMITH
ATTENBOROUGH
JEWELLER

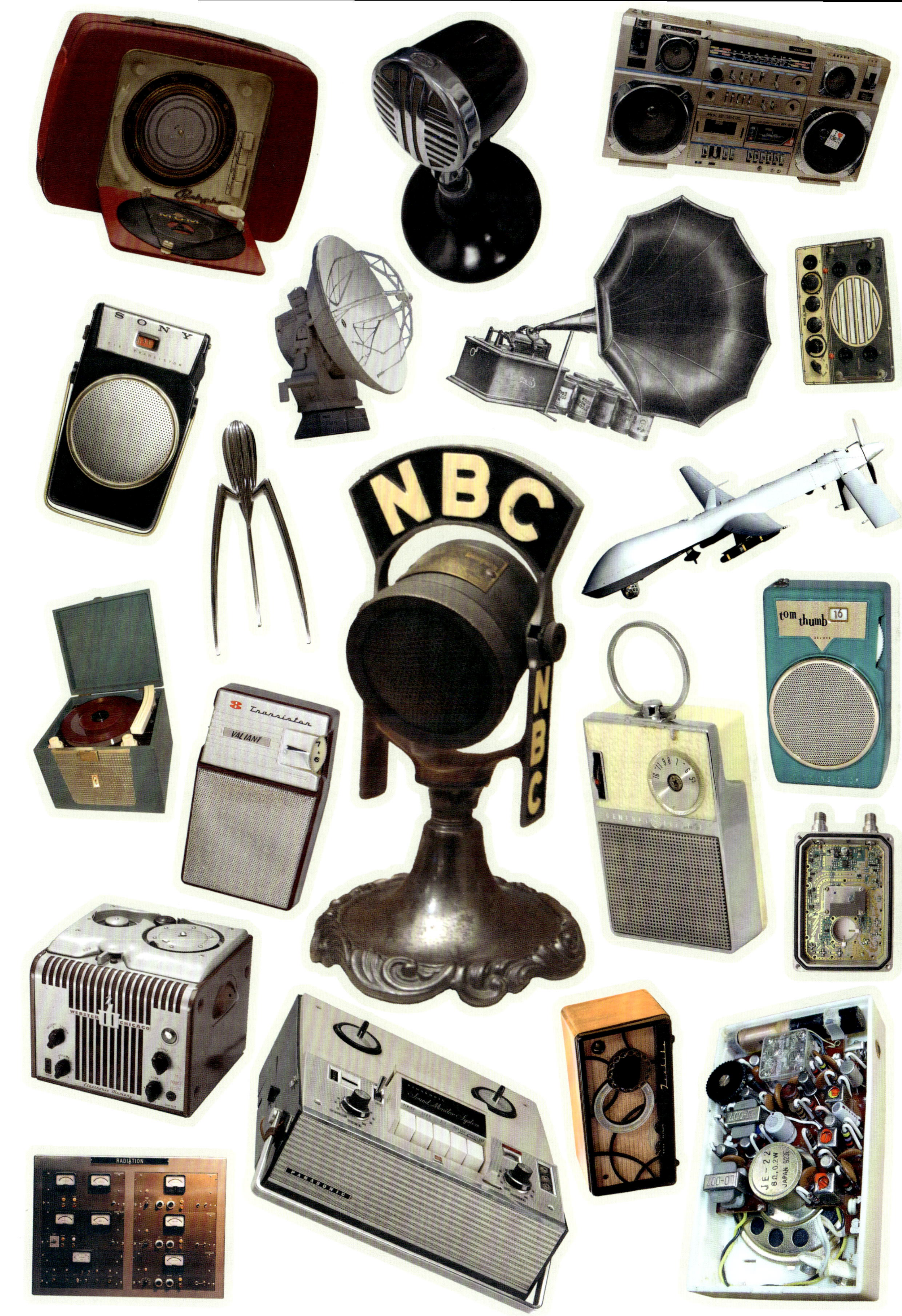

NBC
NBC
SONY
tom thumb
16
Transistor
VALIANT
WEBSTER CHICAGO
RADIATION

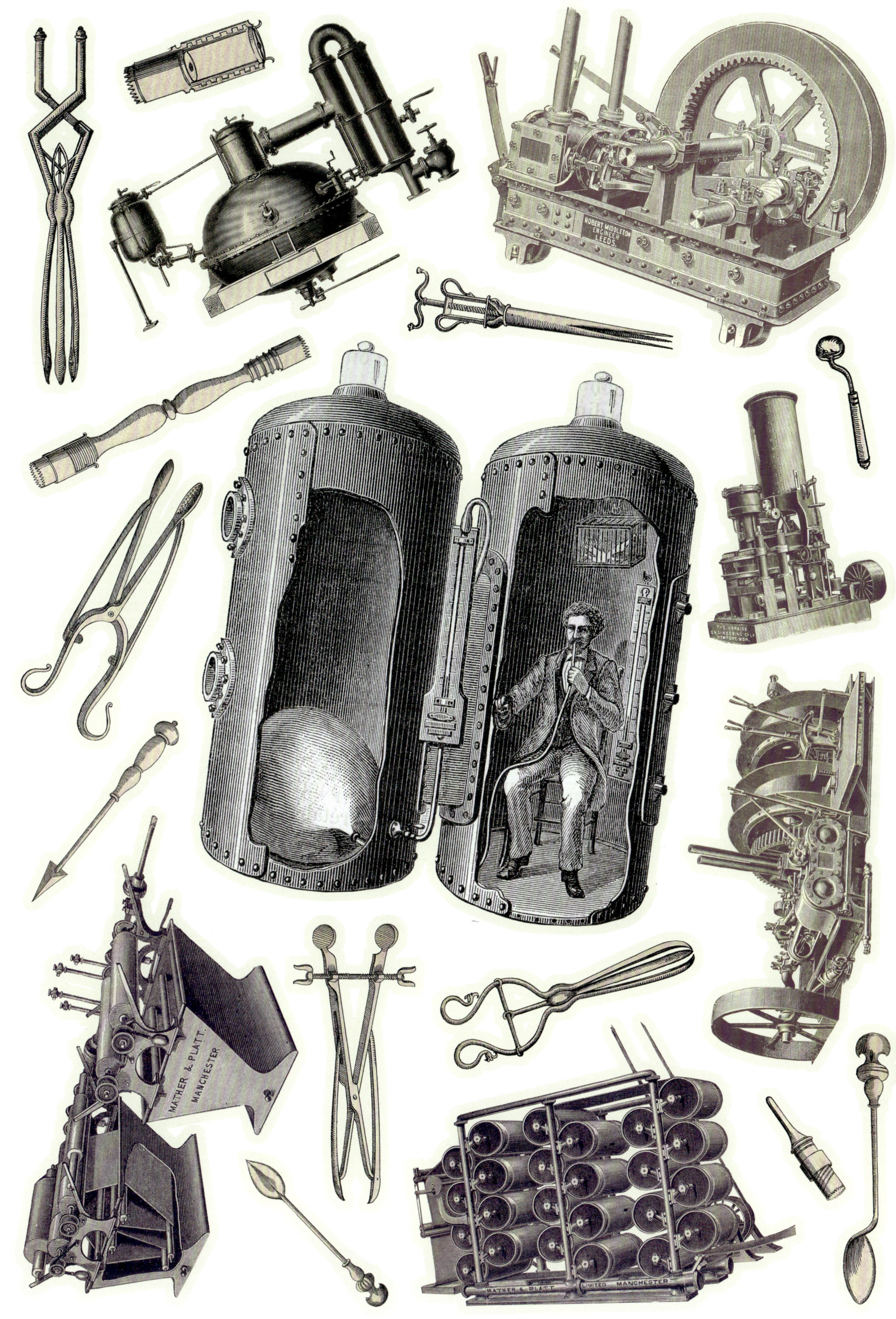
ROBERT MIDDLETON
ENGINEER
LEEDS
MATHER & PLATT.
MANCHESTER
MATHER & PLATT LIMITED MANCHESTER

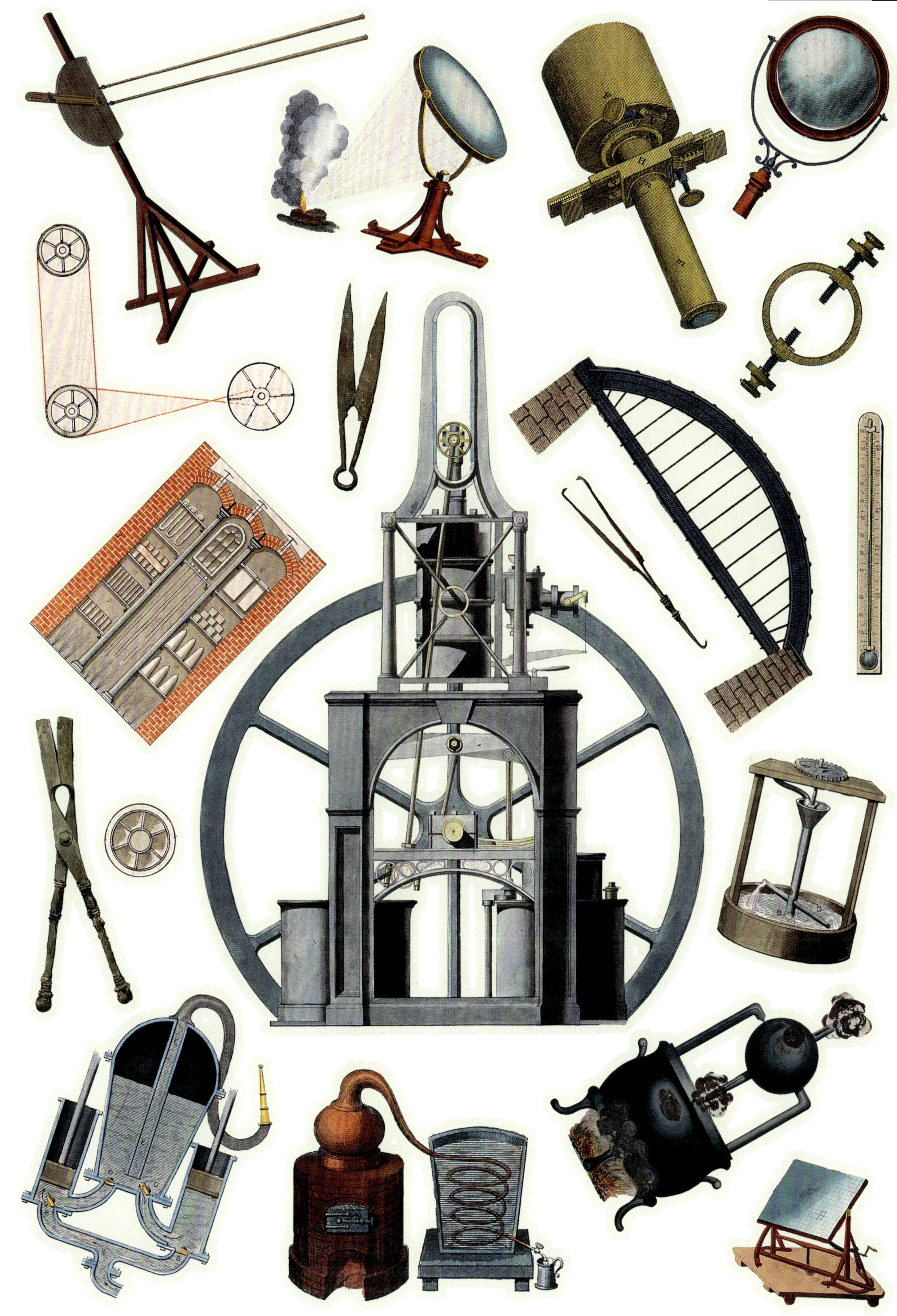

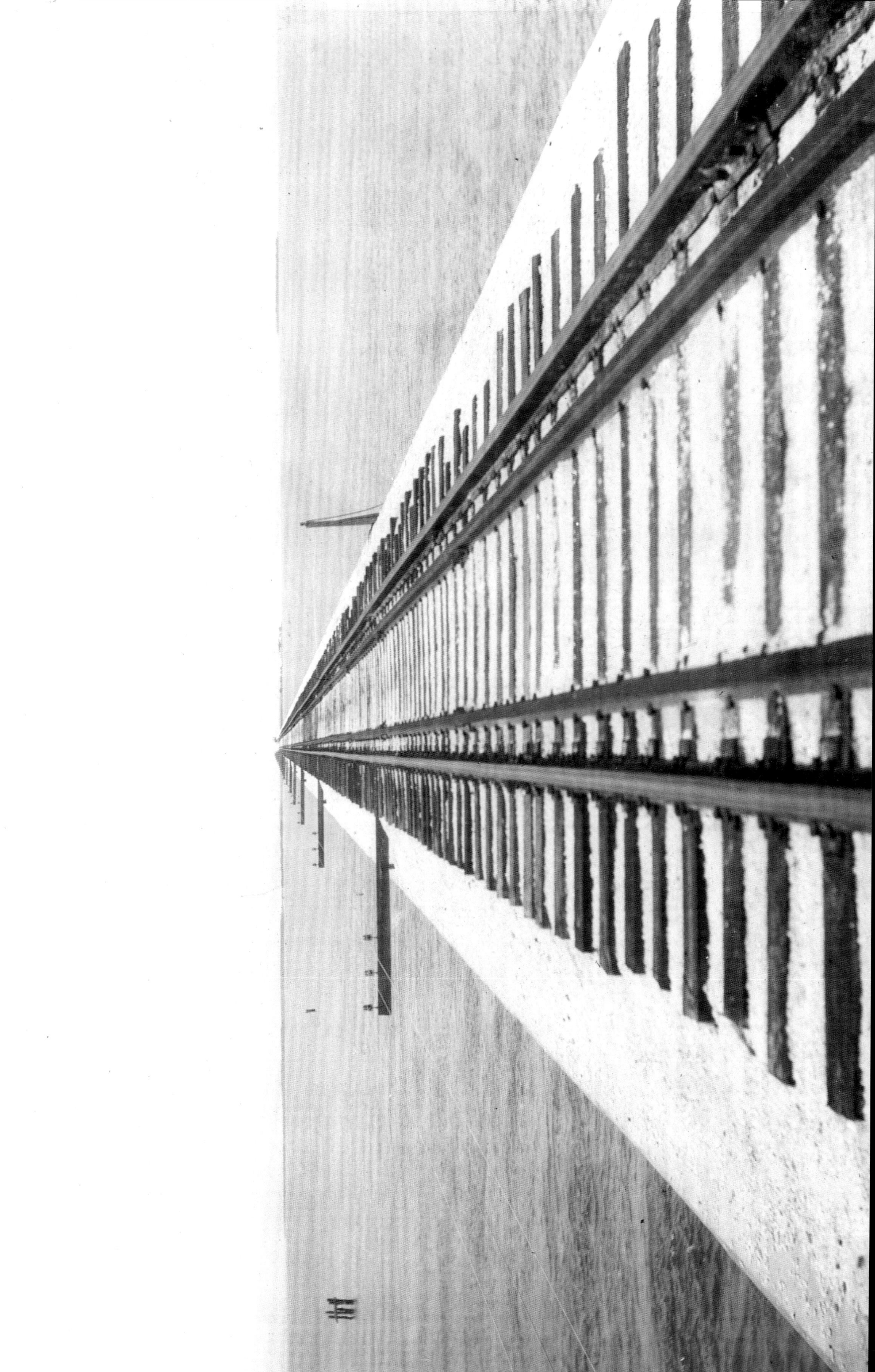

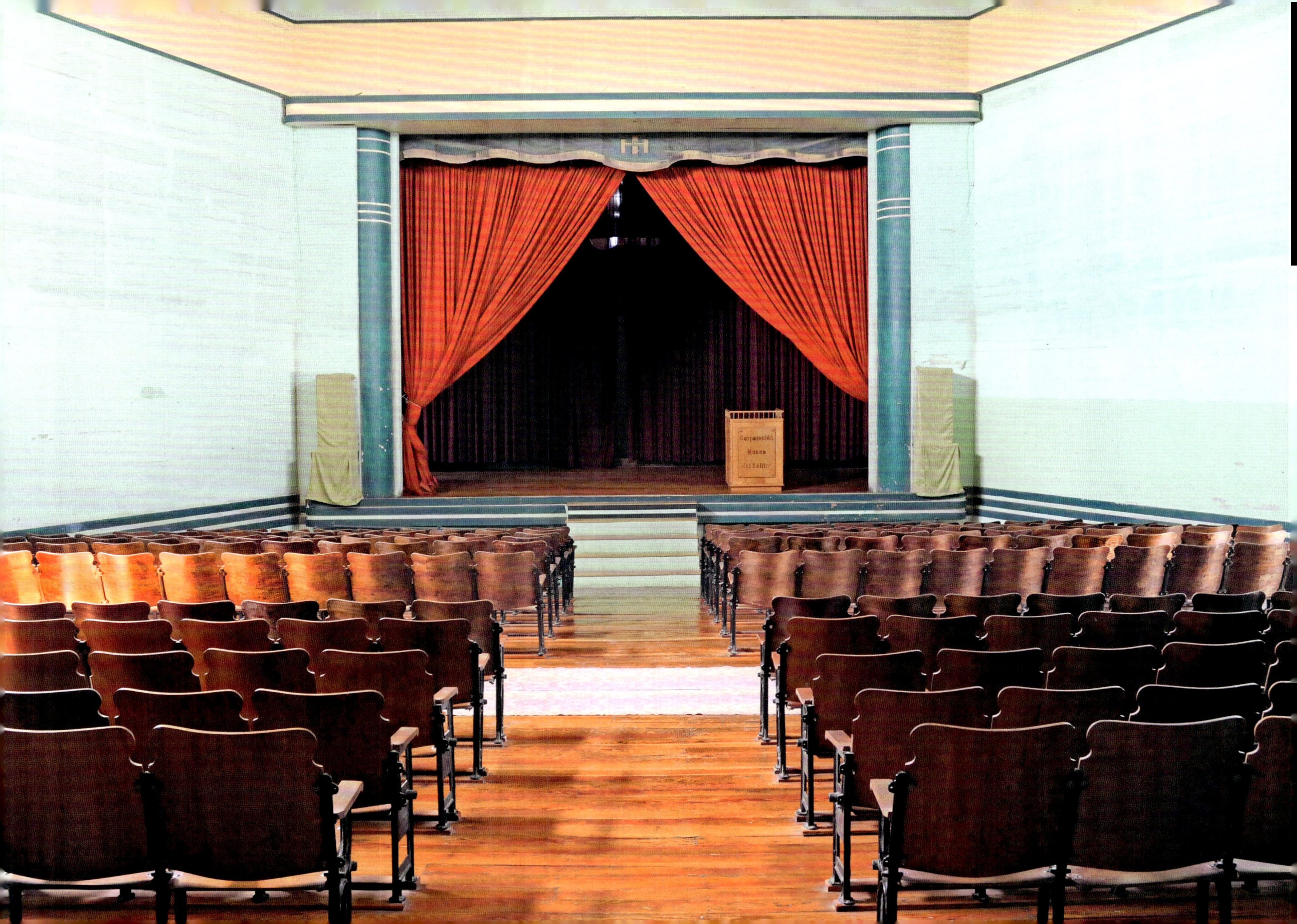
Museo

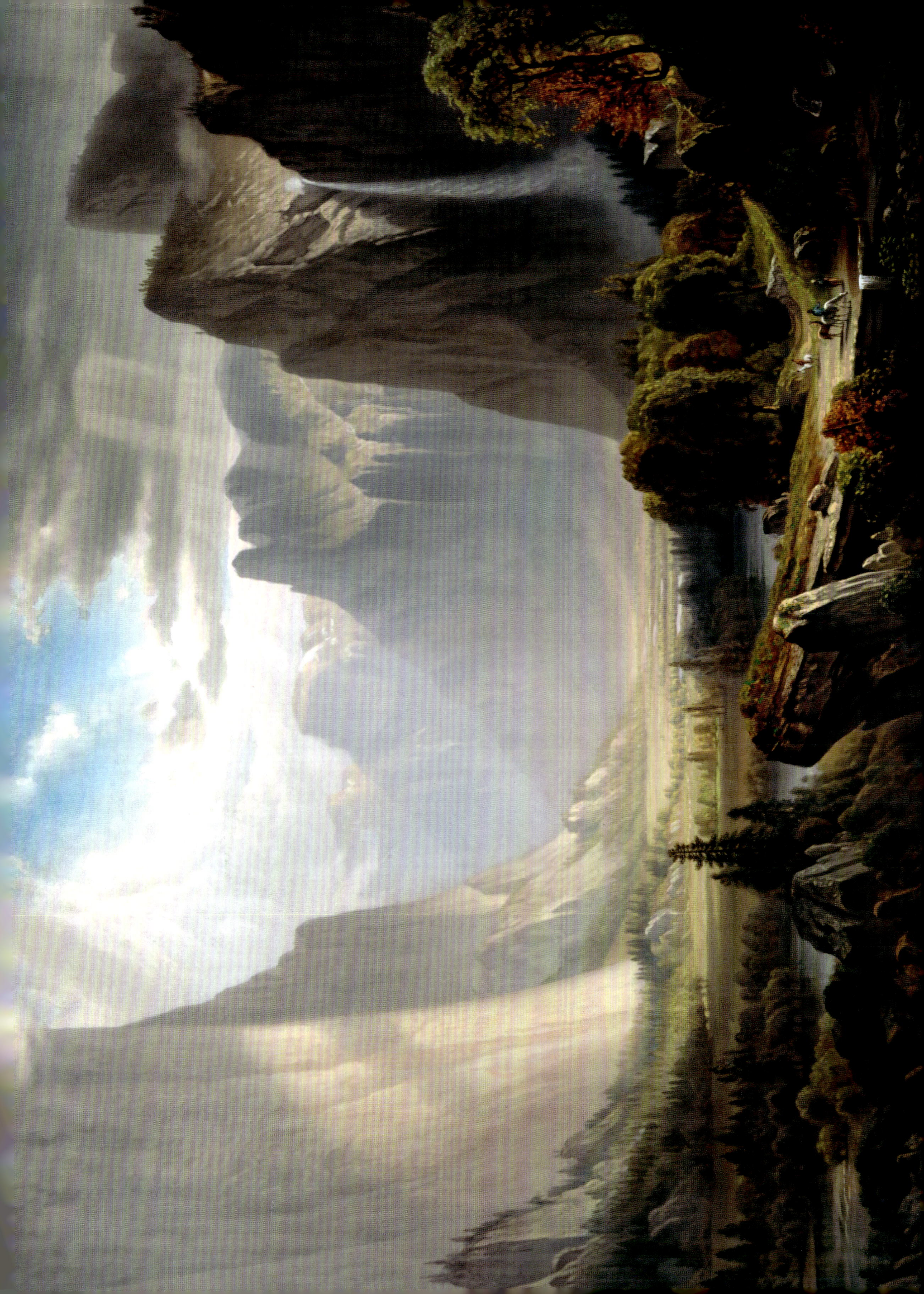

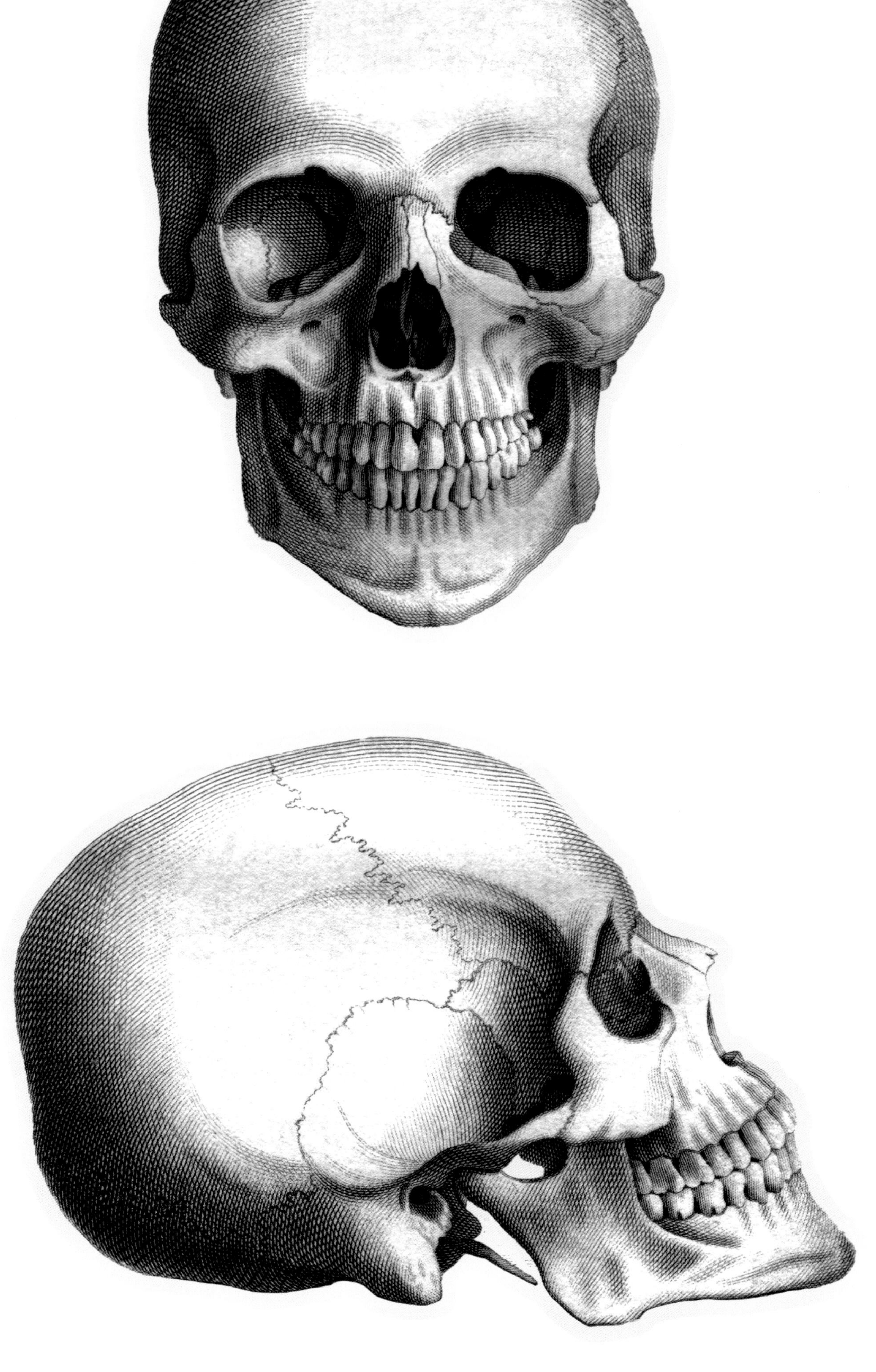

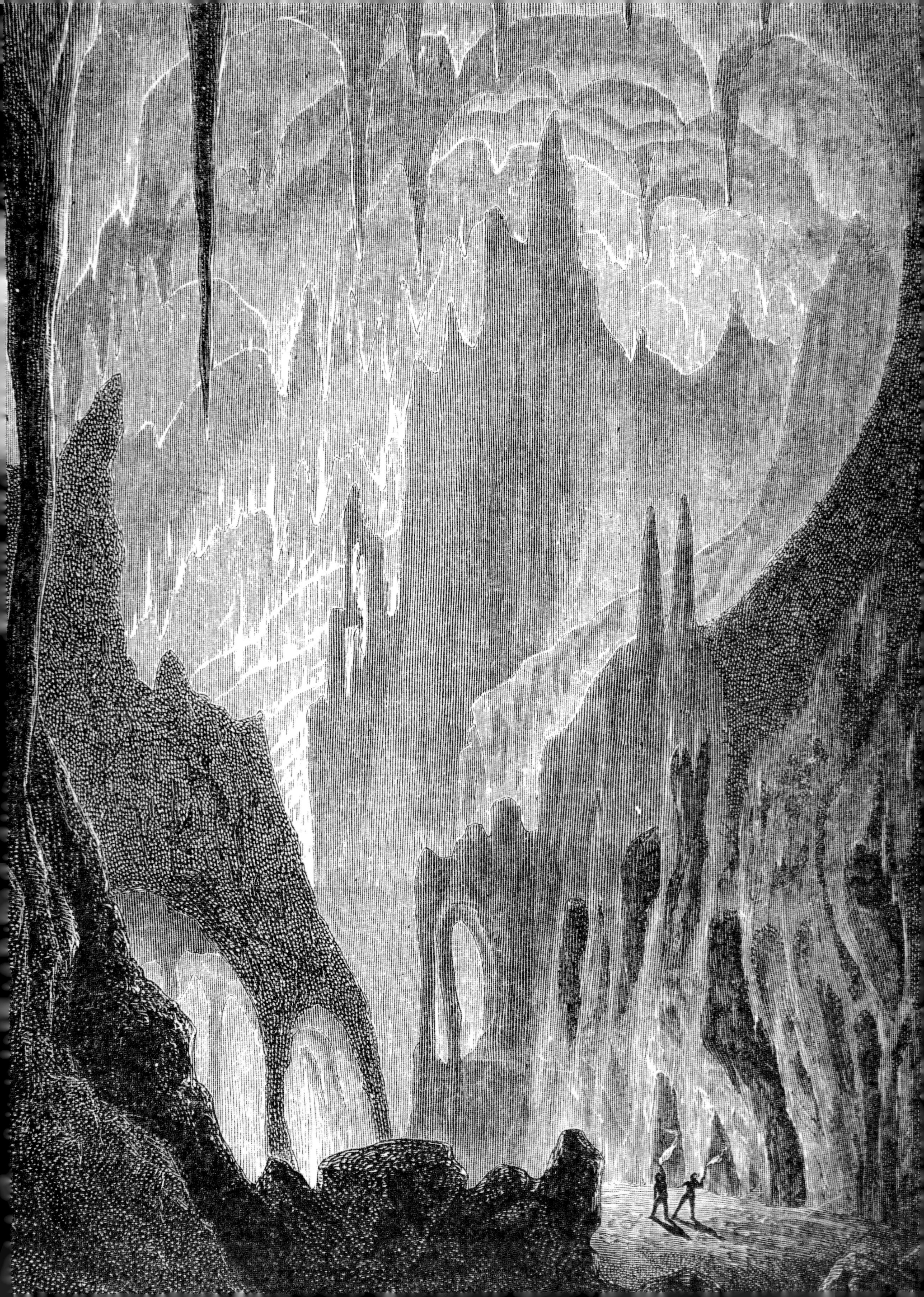

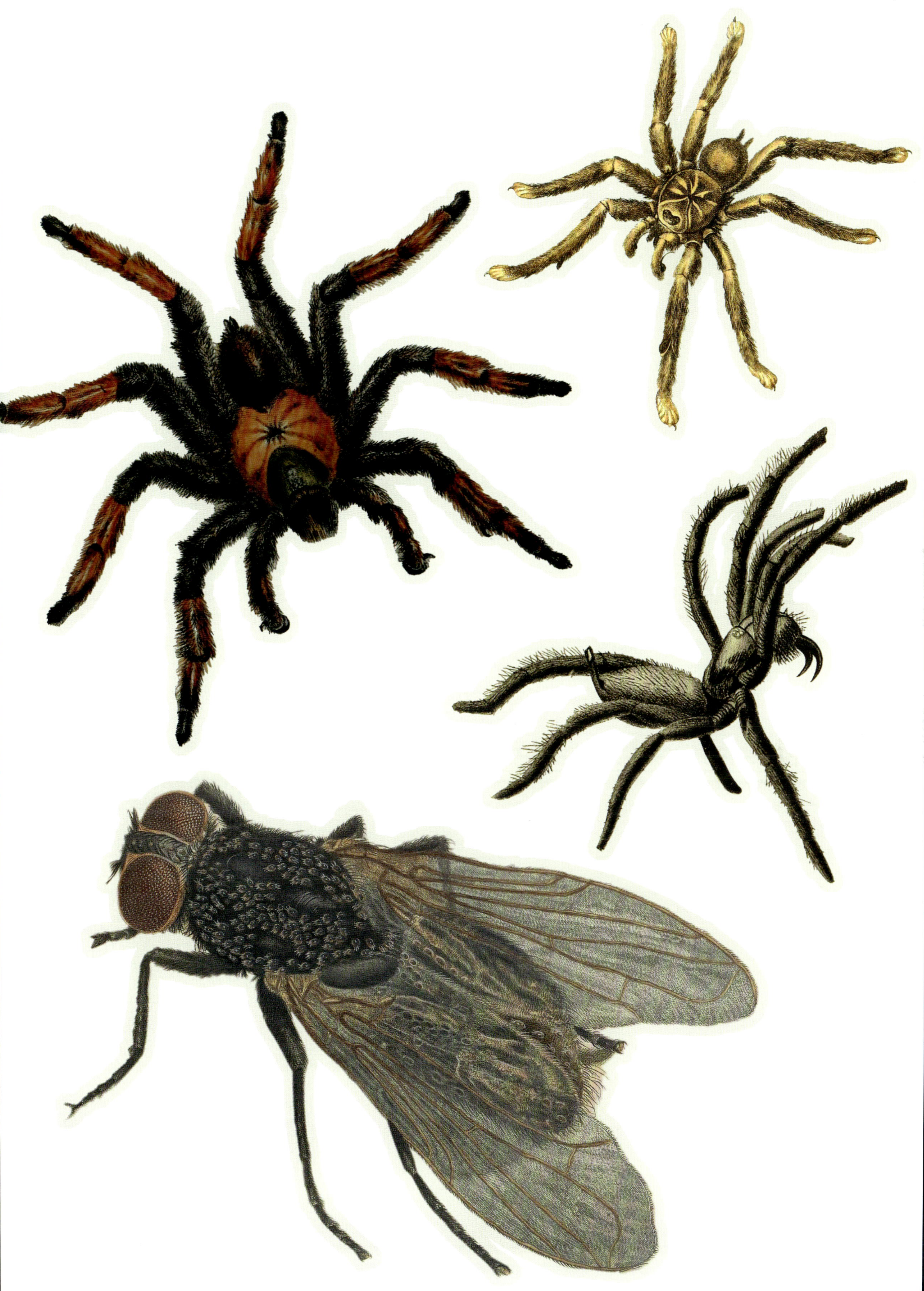

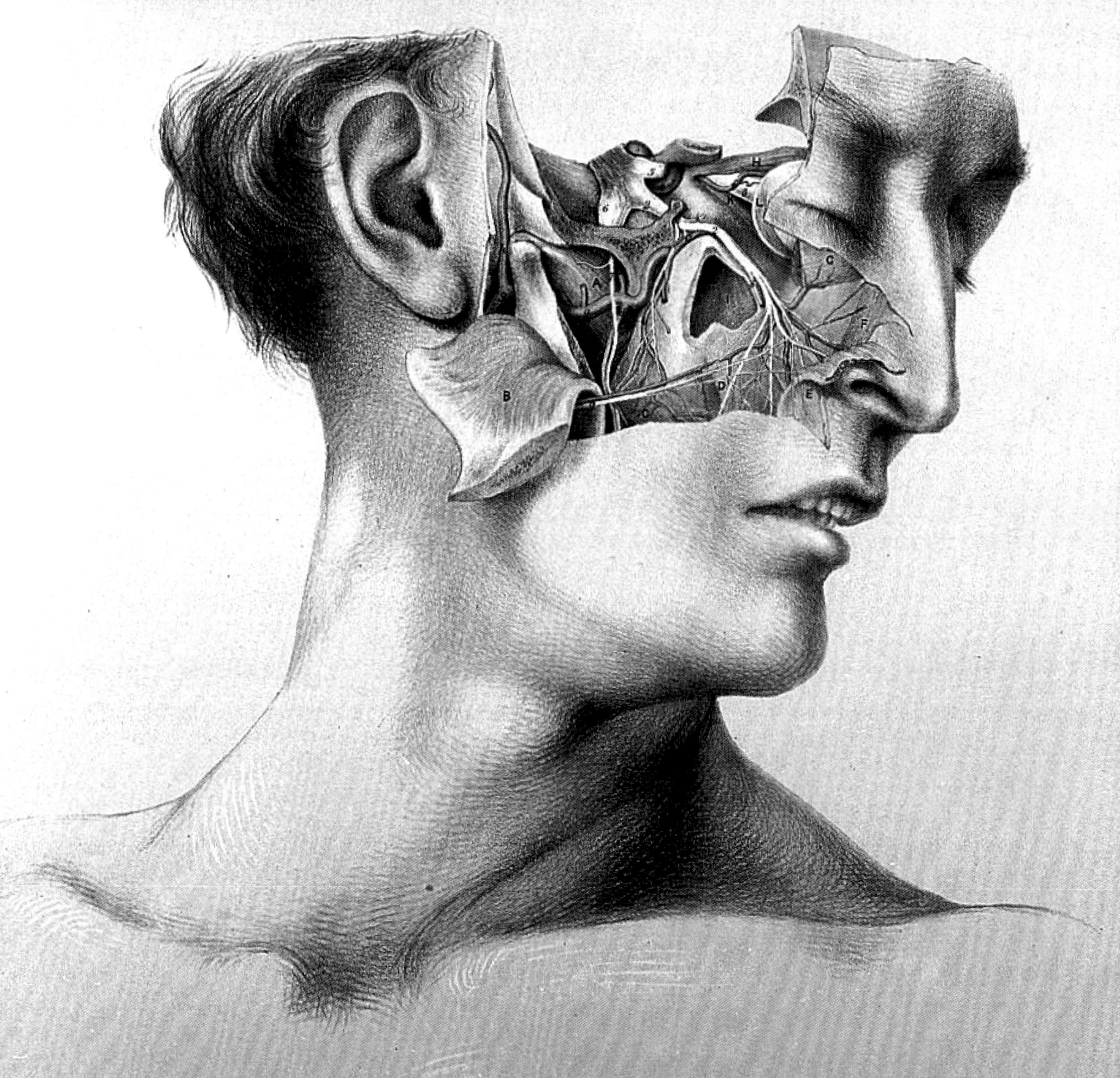

A
B
C
D
E
F
G
H

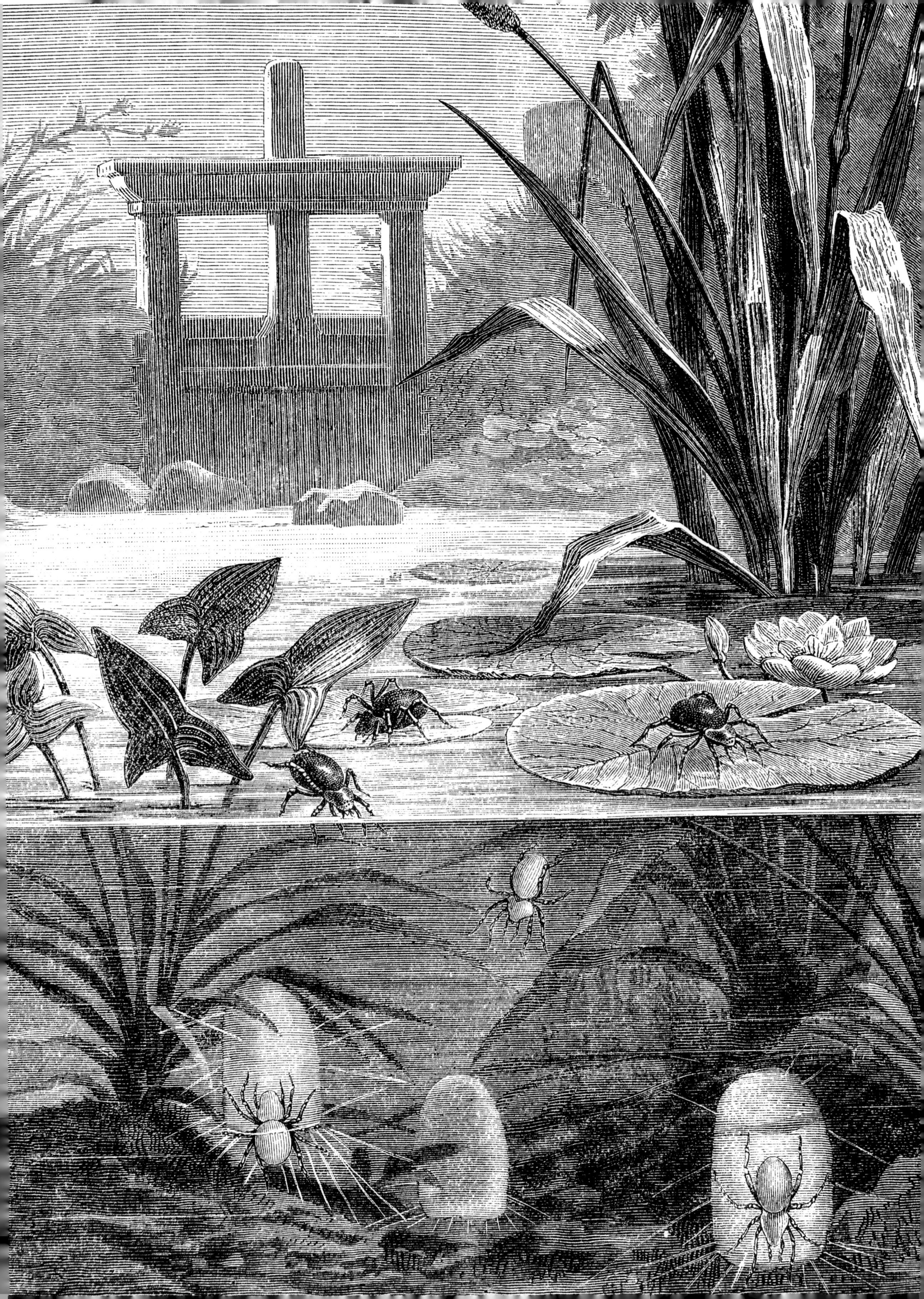

Bildnachweise

Der Herausgeber bedankt sich bei den folgenden Personen und Institutionen für die Bereitstellung von Bildern für dieses Buch. In allen Fällen wurden alle Anstrengungen unternommen, um die Urheberrechtsinhaber zu nennen. Sollte es jedoch zu Auslassungen oder Fehlern kommen, ist der Herausgeber gerne bereit, die entsprechende Danksagung in einer späteren Ausgabe dieses Buches einzufügen. Es war nicht immer möglich, jedes einzelne Bild zu nennen, aber ein besonderer Dank geht an

Art Institute of Chicago
Auckland Museum
Barnes Foundation
Biodiversity Heritage Library
Birmingham Museums
Bodleian Library
The British Library
The British Museum
Clark Museum
Cleveland Museum of Art
ColBase: Integrated Collections Database of the National Institutes for Cultural Heritage, Japan
Cooper Hewitt, Smithsonian Design Museum
Getty Museum
Graphics Fairy
Indianapolis Museum of Art
Kunstmuseum, Basel
LACMA (Los Angeles County Museum of Art)
Library of Congress (Prints and Photographs Online Catalogue)
Metropolitan Museum of Art, New York
MKG Sammlung Online Collection
Munch Museum
Museum Bojimans
Museum De Lakenhal
Muséum de Toulouse, MHNT
Museum of Fine Arts Boston
Museum Rotterdam
National Gallery of Art, Washington
Nationalgalerie von Schweden
National Library of Medicine
Nationalmuseum Korea
New York Public Library Digital Collections
Philadelphia Museum of Art
Picture Box Blue
Public Domain Review
Rijksmuseum
The Smithsonian
SMK Copenhagen
University of Amsterdam, Special Collections
Unsplash
USGS Library
The Walters
The Wellcome Collection
Wesleyan University
Wikimedia Commons
Yale Centre for British Art
York Museum Trust

Cover vorn Maria Rivans
Cover hinten Zara Larcombe, Conjurer's Garden
Innenklappe, vorn Zara Larcombe, Don't Look Now
Innenklappe, hinten Maria Rivans, Big Baby
S. 3 Zara Larcombe, Don't Look Now
S. 6-9 Maria Rivans, Big Baby
S. 41 Pferdehufe, ART Collection/Alamy Stock Photo
S. 41 Beine und Hufe einer Kuh: drei Bilder. Farblithografie, 1877, Well/BOT/Alamy Stock Photo
S. 43 Zeichnung eines Mammut-Skeletts, The Natural History Museum/Alamy Stock Photo
S. 65 1950s family of five with backs to camera on lawn looking at Fieldstone House, H. Armstrong Roberts/ClassicStock/Alamy Stock Photo
S. 89 1960s woman portrait character crystal ball fortune teller costume, H. Armstrong Roberts/ClassicStock/Alamy Stock Photo
S. 95 Mystische Figuren: Tölpel 1, Basilisk 2, Phönix 3, Einhorn 4, Tatarenlamm Agnus scythicus oder Planta Tartarica Barometz 5, und Drache 6. Handkolorierter Kupferstich nach Christian Müller aus Friedrich Johann Bertuchs Bilderbuch für Kinder, Weimar, 1792, Album/Alamy Stock Photo
S. 95 Mystische Kreaturen: Harpyie, Greif, Satyr, Riese oder Titan, Seepferdchen und Wassernymphe oder Triton. Handkolorierter Kupferstich nach Christiane Henriette Dorothea Westermayr aus Friedrich Johann Bertuchs Bilderbuch für Kinder, Weimar, 1792, Album/Alamy Stock Photo
S. 95 371 Libro de las Maravillas Livre des merveilles Book of the marvels of the world Fol 29v Mythical creatures, History and Art Collection/Alamy Stock Photo
S. 97 Typischer Wohnwagen aus den 1970ern, Trinity Mirror/Mirrorpix/Alamy Stock Photo
S. 113 Theater, Bühne, Sitze, Salpeterwerk, verlassene Salpeterstadt, Geisterstadt, UNESCO World-Welterbe, Humberstone, Barbara Boensch/imageBROKER/Alamy Stock Photo
S. 115 Yosemite-Tal, Gemälde, Niday Picture Library/Alamy Stock Photo
S. 117 Vorder- und Seitengravur eines menschlichen Schädels von William Miller nach einer Zeichnung von W. Miller, veröffentlicht in Engravings of the Skeleton, Lifestyle Pictures/Alamy Stock Photo
S. 119 Gravierung einer Stalaktitenhöhle in der Baradla-Höhle, Aggtelek, Ungarn. Datiert 19. Jahrhundert, World History Archive/Alamy Stock Photo
S. 125 Die Tauchglockenspinne oder Wasserspinne (Argyroneta aquatica), die in Süßwasserlebensräumen in Europa und Asien beheimatet ist, ist die einzige bekannte Spinnenart, die fast vollständig unter Wasser lebt. Die Weibchen verbringen die meiste Zeit in ihren Glocken, springen heraus, um Beutetiere zu fangen, die die Glocke oder die Seidenfäden, die sie verankern, berühren, und tauchen gelegentlich auf, um die Luft im Netz aufzufüllen. De Luan/Alamy Stock Photo

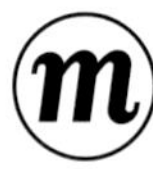

COLLAGEN UNDERWORLD

Midas Collection
Ein Imprint der Midas Verlag AG

ISBN 978-3-03876-261-4
1. Auflage 2023

Übersetzung: Claudia Koch
Lektorat: Kathrin Lichtenberg
Layout: Ulrich Borstelmann

Midas Verlag AG
Dunantstrasse 3, CH-8044 Zürich
E-Mail: kontakt@midas.ch
www.midas.ch

Englische Originalausgabe:
»Cut Up This Book«
Konzept und Layout: Thames & Hudson Ltd

Printed in China

Die deutsche Nationalbibliothek verzeichnet diese Publikation in der Deutschen Nationalbibliografie; detaillierte bibliografische Daten sind im Internet unter www.dnb.de abrufbar.